습관은 반드시 실천할 때 만들어집니다.

좋은습관연구소가 제안하는 22번째 습관은 '반도체 애널리스트의
리서치 습관' 입니다. 이 책의 저자인 김경민 애널리스트는 10년이
넘는 시간동안 반도체 전문 애널리스트로 활약하며 베스트 애널리
스트 상도 수차례 수상했습니다. 이 책은 김경민 애널리스트가 실
전에서 갈고 닦은 리서치 습관을 정리해 놓은 책입니다. 애널리스
트의 리서치 습관이라고 하니 무척 대단하고 어려운 방법만 잔뜩
들어간 책이 아닐까 생각하겠지만, 막상 뚜껑을 열어보면 꼭 그렇
지 않다는 걸 알게 됩니다. 이 책을 통해 반도체 산업뿐만 아니라 주
식 시장의 각 산업 흐름이나 주요 플레이어들의 주가 움직임을 예
측할 수 있는 기법을 배우셨으면 합니다.

반도체 애널리스트의
리서치 습관

김경민 지음

좋은습관연구소

서문

애널리스트의 습관

　증권 애널리스트는 사무직 직장인입니다. 하루 종일 사무실에 앉아 모니터를 쳐다보며 일을 한다고 해도 과언이 아닙니다. 그리고 애널리스트는 매일 같이 글을 씁니다. 일반 투자자를 위한 보고서부터 기관 투자자를 위한 보고서까지, 시장이 지금 어떤 흐름을 갖고 있는지 투자자는 어떻게 행동해야 하는지 시시때때로 읽고 보고서로 작성합니다. 그래서 온갖 이슈에 따라 증시의 변화가 어떻게 바뀌는지 예민하게 바라보고 잘 따라가는 감각이 중요합니다. 그러기 위해 애널리스트는 하루 또는 일주일 그리고 매월, 매 분기 기준으로 반복하는 루틴이 있습니다. 그런데 이를 조금 거칠게 표현하면 삽질의 연속입니다. 삽질의 대부분은 정보의 검색으로 이루어져 있고 삽질인 만큼 누가 얼마나 빨리 그리고 오랫동안 인내심을 가지고 하느냐가 중요합니다.

지금부터는 반도체 애널리스트로서 제가 어떤 일을 하는지 어떤 습관을 갖고 있는지 설명드리도록 하겠습니다. 누가 저에게 반도체 애널리스트의 가장 중요한 습관이 무엇이냐고 묻는다면 저는 '일찍 일어나는 습관'이라고 말씀 드리고 싶습니다 (사실 이 습관만큼은 반도체 애널리스트에게만 국한되지 않고 모든 증권 애널리스트라면 저와 크게 다르지 않을 것 같습니다). 그 이유는 단순합니다. 뉴욕 증시가 새벽에 끝나고 미국 증시에 상장된 반도체 주요 기업과 관련된 내용을 업데이트하려면 일찍 일어날 수밖에 없습니다. 미국 증시에는 필라델피아 반도체 지수라는 게 있습니다. 미국 필라델피아 증권거래소가 1993년 12월 1일부터 반도체 관련 종목을 골라 지수화한 것입니다. 여기에는 30개 종목이 편입되어 있습니다. 그 중 10 ~ 20개 정도는 매일같이 반드시 체크하는 기업입니다.

실적 발표 시즌에는 더욱 일찍 일어나 검색의 삼매경에 빠져야 합니다. 필라델피아 반도체 지수에 편입된 종목 중 분기 실적을 가장 먼저 발표하는 기업은 미국의 마이크론(Micron)입니다. 마이크론은 2022년 첫 분기 실적을 3월 말에 발표했습니다. 실적 발표일에 마이크론은 보통 우리나라 시간으로 새벽 5시에서 5시 30분 사이에 실적을 공개합니다. 그러니 실적 발표를 재빨리 확인하기 위해서라도 일찍 일어나는 습관은 기본입니다.

각종 정보를 확인할 때는 스마트폰은 물론이고 여러 가지 보조적인 도구를 씁니다. 어떤 도구를 사용하느냐는 정보 검색 속도에 달려 있습니다. 필요한 것을 얼마나 빨리 찾을 수 있느냐가 가장 중요합니다. 일단 애널리스트가 되는 과정에서 가장 먼저 배우는 것 중 하나는 블룸버그 터미널(단말기) 사용법입니다. 이 단말기는 블룸버그라는 뉴스 미디어 회사가 운영하는 것으로 증권사 리서치센터에서 주로 사용하는 유료 정보 단말기입니다. 채권, 주식, 외환, 원자재 및 파생상품에 이르는 자산군의 시장 정보를 광범위하게 제공해줍니다. 이 단말기를 통해서 각종 경제 금융 관련 뉴스나 분석 자료들을 검색해서 볼 수 있습니다. 그래서 저는 아침에 출근하자마자 블룸버그 터미널 앞에 앉아 있을 때가 많습니다. (개인이 사용하기에는 비용이 연간 억 단위로 어마어마합니다.)

블룸버그 단말기는 TSMC나 삼성전자처럼 반도체 업종뿐만 아니라 전 세계적으로 관심이 쏠리는 기업의 실적 발표 콘퍼런스콜을 거의 실시간으로 살펴볼 수 있는 라이브 블로그 기능을 갖고 있습니다. 여러 가지 명령어를 입력해서 원하는 기능을 구현할 수 있는데 라이브 블로그를 보려면 첫 화면의 상단에서 TLIV(Top Live)라는 검색어를 입력하면 됩니다. TLIV 검색 기능을 이용하면 실적 발표 스크립트가 정식으로 공개되기 전에 어떤 중요한 이야기가 오갔는지 몇 시간 먼저 확인할 수 있습니다. 신속하고 간편하다는 장점 때문에 저뿐만 아니라 많은 애널리스트들이 블룸버그 터미널을 이용합니다. 뉴스를 몇 분 먼저 체크하느냐 마느냐에 따라 손해를 볼 수도 이익을 볼 수도 있기 때문에 속도와 검색의 편의성이라는 이유로 블룸버그 단말기를 애정하지 않을 수 없습니다.

몇 년 전부터는 시킹알파(seekingalpha.com)라는 서비스도 같이 이용하고 있습니다. 이 서비스는 PC의 웹이나 스마트폰의 앱으로 이용 가능합니다. 회원 가입 후 미국 반도체 기업을 주요 관심 종목으로 지정하고 실적 발표나 관련 뉴스를 이메일로 받아보고 있습니다. 마찬가지로 이 서비스 역시 유료 버전이 있고 유료 회원으로 가입하면 이메일 내용 전문을 볼 수 있습니다. 저는 월 4만 원 정도를 내고 유료 서비스를 이용하고 있습니다. 개인 누구나 결제만 하면 이용이 가능합니다.

아침에 일찍 일어나서 이메일 수신함을 열어보면 시킹알파에서 날아온 이메일이 30~50개 정도가 됩니다. 이중 중요하다고 판단되는 것만 얼른 읽어보고 나머지는 제목만 읽고 지웁니다. 이렇게 바로바로 이메일을 확인하지 않으면 그날 저녁쯤이면 100개가 넘는 이메일이 쌓이게 됩니다. 아침에 이메일을 확인하면서 사무실 도착 전까지 뭘 읽고, 뭘 지울지 체크합니다.

이메일 열람은 그동안 구글 크롬을 사용하다가 최근에는 마이크로소프트 아웃룩을 이용하기 시작했습니다. 이메일을 열고 내용 확인을 할 때는 큰 차이가 없지만, 이메일을 하나씩 삭제할 때는 아웃룩이 훨씬 편합니다. 삭제 버튼을 누르고 다음에 읽을 이메일로 넘어가는 시간은 별 차이가 없는 것처럼 보이지만, 제한된 시간(30~40분) 내에 얼마나 빠르게 정보를 필터링하느냐는 애널리스트에게 무척 중요한 일입니다. 분기 실적 발표 시즌에는 거의 매일 이런 식으로 이메일을 빠른 속도로 점검하며 아침을 시작합니다.

같은 날 여러 기업의 실적 발표가 이어지면 모든 과정이 평소보다 훨씬 더 타이트하게 흘러갑니다. 예를 들어 인텔과 애플은 거의 같은 날 분기 실적을 발표합니다. 2022년 4월(1분기)의 경우 한국 기준으로 29일 금요일 아침에 양사가 실적을 발표했습니다. 반도체 기업의 분기 실적 발표는 마이크론을 필두로 해서 TSMC, ASML, 인텔(Intel)로 이어지고, 이후에는 반도체 장비 공급사 어플라이드 머티어리얼즈(Applied Materials)와 엔비디아(nVidia)가 거의 마지막 순번으로 진행합니다. 그리고 엔비디아가 실적을 발표한 이후에는 반도체 수요처 중에서 수위를 차지하고 있는 HP와 델(Dell)이 각각 실적을 발표합니다. 이 회사들은 PC 시장에서 점유율 기준으로 각각 2위, 3위를 차지하는 회사입니다. 따라서 엔비디아의 실적 발표가 끝났다고 해서 긴장감을 늦추지는 못합니다. HP와 델까지 실적 발표를 듣고 나서야 비로소 한 시즌이 끝났다 할 수 있습니다. 일반적으로 마이크론으로부터 시작된 실적 발표는 HP, 델까지 2개월 정도가 소요됩니다. 그러니 1년에 이렇게 4개 분기가 2개월씩, 1년 중 8개월은 항상 실적 시즌이라고 할 수 있습니다. 이 기간 동안은 긴장감이 감돌고 시간적으로도 빡빡한 생활이 이어집니다.

무역 분쟁 이후에는 대만 반도체 기업에 관한 관심도 커져 대만 기업의 실적도 확인합니다. 대만 기업도 미국 기업처럼 분기 실적을 발표하고, 이와 별도로 전월 매출을 매월 10일까지 발표합니다. 대만 기업의 경우 분기만큼 전월 실적도 중요하게 봅니다. 특히 TSMC의 매출을 확인하면 비메모리 반도체의 업황에 대해서도 어느 정도 감을 잡을 수 있습니다. 지난해 같은 기간보다 매출이 증가했고 증가 속도가 꺾이지 않는다면 일단 업황이 좋은 것으로 판단합니다. TSMC의 월별 매출을 살펴보려면 TSMC의 홈페이지의 첫 화면을 참고하거나 아니면 emops.twse.com.tw를 참고합니다.

대만 반도체 기업 중에서는 메모리 반도체를 공급하는 난야 테크놀로지(Nanya Technology)가 비교적 빨리 월별 매출을 발표하는 편입니다. 매월 5일 전후입니다. 물론 춘절이나 청명절 등의 연휴와 겹치면 다소 늦어지기도 합니다. 맨 먼저 난야 테크놀로지가 월별 매출을 발표하고 나면, TSMC가 8~10일 사이에 월별 매출을 발표합니다. 2022년 4월의 경우 TSMC는 4월 8일에 그리고 난야 테크놀로지는 4월 6일에 각각 전월(3월) 매출을 발표했습니다. 그래도 대만 기업들의 데이터는 대부분 저녁에 발표되기 때문에 이것을 확인하느라 아침잠을 설치는 일은 거의 없습니다.

반도체 애널리스트는 아침을 비교적 일찍 시작한다는 것 외에 다양한 질문에 바로바로 대답할 준비를 하고 있어야 한다는 점도 또 다른 특징입니다. 애널리스트는 투자자분들이나 업계 관계자분들로부터 전화를 수시로 받습니다. 전화 외에도 카카오톡, 문자, 텔레그램 등으로도 연락을 받습니다. 연락을 많이 받는 이유는 개별 기업의 실적뿐만 아니라 경제적 이슈 그리고 정치적 이슈도 반도체 주가에 영향을 미치기 때문입니다. 조금 과장해서 얘기하면 이 세상 모든 뉴스가 반도체 업종의 주가에 영향을 미치다 보니 그만큼 투자자들의 질문도 많아져 항시 관련 문의가 온다고 보면 됩니다.

2018~2019년의 무역 분쟁 시기에는 중국으로의 매출 비중이 높은 반도체 기업에 대해 부정적인 심리가 형성됐습니다. 그때는 중국 스마트폰 기업인 화웨이로 핵심 부품을 공급하는 반도체 기업 또는 고객사 중에 화웨이의 매출 기여도가 높은 반도체 기업에 관한 질문이 많았습니다. 관련해서 주로 받았던 질문은 특정 기업의 화웨이 매출 비중 또는 중국 매출 비중, 화웨이에

공급하는 제품의 종류 등이었습니다. 그 중 답변하기 어려웠던 질문은 각 기업의 화웨이 매출이 점점 감소해 0%가 되는 시점이 언제냐에 대한 질문이었습니다. 관련 매출이 더 이상 감소하지 않으면 그것이 부품 공급사의 주가 바닥 신호로 작용할 수 있기 때문입니다.

최근 러시아-우크라이나 전쟁이 발발한 이후에는 유럽 증시에 상장된 반도체 업종의 주가가 부진했습니다. 아울러 대만 증시에 상장된 반도체 업종의 주가도 부진했습니다. 물론 미국이나 한국의 반도체 기업의 주가 조정은 이미 시작되었다고 볼 수 있지만 유럽과 대만의 경우 지정학적 리스크에 대한 우려가 다른 지역보다 더 크게 개별 기업 주가에 부정적 영향을 주었습니다. 이처럼 반도체 애널리스트는 국제 정세에 대해서도 꼼꼼하게 점검해야 다양한 질문에 막힘없이 답변할 수 있습니다.

예전에 블룸버그에서 기자로 일하는 분과 잠깐 이야기를 나눈 적이 있는데 한국에 있는 블룸버그 기자 중 가장 바쁜 사람은 북한 담당과 삼성전자(반도체) 담당이라고 했습니다. 반도체 애널리스트도 마찬가지로 바쁘게 살아야만 하는 운명(?)을 지니고 있습니다. 그래서 저는 주변에 애널리스트를 꿈꾸는 후배들에게 반도체 애널리스트는 24시간 동안 가게 문을 열어놓고 있는 주인과 비슷한 삶을 산다고 말해줍니다.

다양한 질문에 답하는 것 못지않게 중요한 기술이자 습관은 잘 모르는 것을 바로바로 검색하는 습관입니다. 저는 사무실이든 외부이든 아니면 이동 중이든 노트북 컴퓨터를 항상 켜 놓고 있습니다. 애널리스트가 기업이나 산업을 분석한다고 해서 글만 쓰는 것으로 업무가 끝나지 않고 실제로 영업하는 사람처럼 투자자들과도 많은 대화를 나누는데 그럴 때마다 질문에 답을 하기 위해서도, 대화 중 떠오른 것들을 확인하고 틀린 점이 없는지 검토하기 위해서도 바로바로 검색할 준비를 하고 있습니다.

질문에 바로바로 답하다 보면 어떤 경우는 정답을 찾는 데 시간이 오래 걸리기도 하고, 딱히 정답이라고 할 만한 것을 못 찾는 경우도 있습니다. 그럼에도 고객의 질문을 검색을 통해 재빨리 찾아내는 것은 애널리스트의 노하우라 할 수 있습니다. 저 같은 경우 질문의 내용을 쪼개서 검색하고 그런 다음 검색 결과를 하나로 엮어서 답을 내는 방식을 씁니다. 예를 들어 자산운용사에 근무하는 기관투자자가 2022년 TSMC의 설비투자 금액이 2010년 대비 얼마나 늘어났는지 애널리스트에게 물어볼 수 있습니다. 제가 사무실에 있고 블룸버그 터미널 앞에 앉아 있다면 설비투자 금액을 금방 검색해서 답변할 수 있지만, 그렇지 않고 기업 탐방을 위해 평택이나 부산에서 외근 중이라면 금방 확인이 불가능합니다. 그럴 때는 구글 크롬에서 "2010 TSMC capital expenditure"라는 키워드를 검색합니다. 그리고 나서 앞부분의 숫자만 바꿔서 "2022 TSMC capital expenditure"라는 키워드로 다시 검색해봅니다. 그러면 2022년에는 440~450억 달러, 2010년에는 59.4억 달러였다는 것을 알 수 있고 이를 바탕으로 설비투자 금액이 12년 동안 얼마나 증가했는지 답변할 수 있습니다.

이런 연습을 몇 번 해본다면 굳이 반도체 애널리스트가 아니더라도 누구나 반도체와 관련해서 궁금한 것들을 금방 찾아내는 실력을 기를 수 있습니다. 긴 문장으로 된 질문을 정확한 검색이 가능하도록 키워드별로 쪼개서 찾아보는 훈련, 한글이 아니라 영어 키워드를 적절하게 사용하는 훈련 등은 필수입니다. 특히 신기술과 관련된 기업을 검색하거나 국산화가 제한적인 분야, 특정 업종과 관련된 한국 기업이 적은 경우 영어 키워드를 적절하게 사용하는 것은 필수입니다. 예를 들어 반도체 웨이퍼와 관련된 내용을 검색할 때는 주로 영어 키워드로 검색하는데 글로벌 Top 5 웨이퍼 공급사 중에 1곳만 한국 기업이고, 나머지 4곳이 국외 기업이기 때문입니다.

검색 과정에 공을 들이고 나서도 중요한 것이 또 하나 남아 있습니다. 찾아본 내용을 항상 메모로 남기는 것입니다. 저는 2013년부터 메모용 프로그램으로 에버노트 앱을 애용하고 있습니다. 최근에는 다른 메모 앱들이 더 인기를 끌고 있어도 저는 에버노트를 계속 이용하고 있습니다. 스마트폰과 노트북 PC의 입력 내용 동기화가 비교적 빠르고 텍스트 위주의 내용을 입력할 때 입력 속도를 빨리할 수 있기 때문입니다. 기업 탐방을 하든 누군가의 질문에 답을 하든 또는 아침 일찍 마이크론과 관련된 새로운 뉴스를 발견하든 에버노트에 바로 적거나 기사를 통째로 스크랩하는 방식을 씁니다.

이렇게 적고 보니 검색 브라우저인 구글 크롬과 메모 앱인 에버노트가 없다면 반도체 애널리스트로 일하는 게 힘들었을 거라는 생각마저도 듭니다.

에버노트 앱의 장점 하나만 더 얘기하겠습니다. 에버노트는 키워드 검색이 빠른 편입니다. 제가 8년 넘는 시간 동안 수천 개의 메모를 정리해 놓았기 때문에 그 분량만 해도 엄청난 데, 키워드를 넣고 검색만 하는 것으로도 과거에 있었던 중요한 사건이나 뉴스를 빠르게 찾아볼 수 있습니다. 예를 들어 2022년 3월에 일본에서 지진이 발생했는데, 과거에 지진이 발생했을 때 반도체 업종에 어떤 영향이 있었는지 확인하기 위해 에버노트 앱을 열고 "일본 지진" "대만 지진"이라고만 검색해도 당시 관련 기사나 제가 직접 남겼던 메모들을 바로 확인할 수 있습니다.

지진에 대해 잠깐 언급하다 보니 생각나는 것이 있습니다. 일본 못지않게 대만에서도 지진이 자주 발생하다 보니 대만에서 지진이 발생하는 경우 TSMC의 생산 차질은 발생하지 않는지 등을 묻는 질문입니다. 2021년 10월에도 그런 질문을 받았습니다. 당시에 대만 동부 지역에서 지진이 발생했는데, 반도체 생산에 차질을 경험한 적이 있는지 궁금하다는 질문을 받았습니다. 이 질문을 받고 어떻게 답할까 고민하다가 TSMC의 홈페이지에 들어가서 10년 치 보도 자료를 일일이 하나씩 확인해 보았습니다. 그러면서 결국 영향이 있다 없다를 판단하고 의견을 내놓을 수 있었습니다.

반도체 애널리스트는 이렇게 삽질(?)처럼 보이는 일을 매일같이 하는 사람입니다. 그리고 계속해서 삽질을 하다 보면 삽질의 속도가 빨라지거나 효율적으로 바뀌는 경험을 하게 됩니다. 투자자분들로부터 고맙다는 이야기를 듣거나 전문가로 인정받는다는 기쁨도 크지만 그동안 했던 삽질이 헛수고가 아니었다는 것을 스스로 확인할 때 더 큰 기쁨을 느낍니다.

지금까지 반도체 애널리스트로 일하고 있는 저의 일과와 실적발표 기간 동안의 일상, 업무적으로 즐겨 사용하는 프로그램에 대해서 설명드렸습니다. 이어지는 본문에서는 본격적으로 반도체 업종에 대한 정보와 반도체 애널리스트로서 어떻게 공부하는지 좀 더 꼼꼼하게 설명해 드리고자 합니다. 이 책은 시중에 나와 있는 반도체 업종 관련 서적과 달리 주식 투자자 관점에서 꼭 알아 두어야 할 것 중 초보 투자자에게 필요한 핵심 중의 핵심만 정리했습니다. 꼭 투자자가 아니더라도 반도체 뉴스를 이해하기 위해 꼭 알아야 할 사전 지식 정도만 담았습니다. 그래서 이미 반도체 업종에 대한 투자 경험이 있으신 분들이나 관련 서적을 어느 정도 읽으신 분들이 보기에는 이미 알고 있는 내용이 많을 겁니다. 이런 분들은 1부의 내용은 간단히 점검하는 정도로만 읽고, 바로 2부로 넘어가도 좋습니다.

2부는 애널리스트로서의 업무 노하우를 본격적으로 소개해 드리는 코너입니다. 그동안의 반도체 시장이나 투자 관련 책에서는 볼 수 없었던 내용으로 시장이나 업종에 대한 분석과 전망이 아니라 애널리스트의 업무 노하우를 담았습니다. 그동안 시장을 설명하고 기업의 지형을 다룬 책은 많았지만 시장을 이해하는 방법적 측면에서 애널리스트가 직접 자신의 얘기를 한 경우는 드물었기 때문에 나름 신선한 내용이 되지 않을까 싶습니다.

제가 이렇게 저의 비밀스런(?) 노하우를 밝힌다고 털어놓긴 했지만 막상 읽어보면 이미 여러분이 어느 정도 예상하는 내용일지도 모릅니다. 애널리스트는 분석과 전망이라는 일을 하지만 결국 수많은 과거의 데이터 속에서 필요한 정보를 검색한 후 이를 이해하고 조합해서 새롭게 정리하는 일을 합니다. 누가 얼마나 많은 검색을 통해 데이터를 잘 쌓아 놓았는지가 더 정확한 예측의 밑거름이 됩니다. 혹여 주식 투자에 대한 특별한 비결을 바라셨다면 죄송합니다만, 결국은 주가와 관련된 이벤트가 발생했을 때 얼마나 많이 찾아보고 고민해봤는지가 더 중요하다고 말씀드릴 수 밖에 없습니다. 이 점에서 애널리스트는 오랜 훈련을 통해 판단하는 속도가 상대적으로 빨라진 것일 뿐입니다.

주식은 위험자산으로 분류됩니다. 주식 시장에서 은행 예금 금리보다 더 큰 수익을 벌어들이기 위해서는 꾸준한 공부가 필수입니다. 애널리스트도 결국 관련 공부를 직업으로서 오랫동안 했기 때문에 이 자리에 서서 여러분을 상대로 이렇다 저렇다 얘기할 수 있다고 생각합니다. 이 책을 읽는 독자분들도 이 책의 몇 가지 방법을 발판삼아 여러분만의 주식 시장을 읽는 노하우를 만들어 갔으면 좋겠습니다.

반도체 8대 공정

책을 읽다 보면 반도체 공정에 대한 얘기가 자주 등장합니다. 그래서 미리 그 용어나 개념 정도는 간단히 알아 두고 이 책을 읽으면 좋을 것 같아 공정에 대한 내용을 정리했습니다. 이해가 어려운 분은 과감히 건너 뛰고 본문 읽기를 바로 시작해도 무방합니다. 그러다 본문에서 공정 관련 내용을 읽다가 이해가 부족하면 그때 이곳으로 다시 돌아와 내용을 참고하시면 됩니다.

이 내용은 삼성전자 블로그를 참고했으며, 누구나 쉽게 알 수 있도록 설명하기 위해 일부 내용을 축약했습니다. 설명이 다소 불충분할 수 있으니 삼성전자 블로그를 추가로 참고해주시기를 부탁드립니다. (samsungsemiconstory.com)

1. 웨이퍼(Wafer) 제조: 웨이퍼는 실리콘(Si) 등을 활용해 만든 기

등을 적당한 두께로 얇게 썬 원판입니다. 이 원판 위에 반도체 집적회로를 만듭니다. 반도체 집적회로란 연산과 저장 등의 기능을 처리하기 위해 여러 가지 소자를 하나의 칩 안에 집어넣은 것입니다. 웨이퍼 위에서 전개하는 이 과정은 피자를 만드는 것과 유사합니다. 웨이퍼는 빵(피자 반죽)이고 집적회로는 피자 토핑과 같은 역할을 담당합니다.

2. **산화**(Oxidation): 실리콘을 주요 소재로 삼아서 만들어진 웨이퍼는 차가운 돌판입니다. 전기가 통하지 않는 부도체입니다. 그래서 필요할 때만 정해진 통로로 전기가 흐르도록 하기 위해 웨이퍼 표면 위에 여러 종류의 얇은 막을 입히는 작업을 합니다. 산화 공정은 산화막을 입히는 공정입니다. 이렇게 만들어진 산화막은 일종의 보호막 역할도 하게 되어 아주 작은 불순물이 집적회로에 영향을 주지 않도록 합니다.

3. **포토**(Photo): 포토 공정은 웨이퍼 위에 반도체 회로를 그려 넣을 때 빛의 힘을 이용하는 것을 의미합니다. 필름 카메라처럼 사진을 찍고 필름에 찍힌 것을 인화지에 인화하는 것과 유사한 공정이 전개됩니다. 이때 집적회로의 집적도가 높아질수록 미세한 공정을 거치게 되므로 이전보다 높은 수준의 기술력을

요구합니다. 복잡한 직접회로를 그린 다음 이를 일종의 석영 기판 위에 그려 필름 같은 걸 만듭니다. 그럼 그 위에 빛을 쏘아 웨이퍼 위에 동일한 모양의 집적회로를 찍어냅니다. 즉, 인화지 위에 사진을 현상하는 것과 유사합니다. 이 과정을 노광(Exposure)이라고 부릅니다.

4. **식각**(Etching): 웨이퍼 위에 설계도대로 존재해야 하는 집적회로 패턴 외에 불필요한 나머지 부분을 제거하는 공정입니다. 이 공정은 미술 시간에 한 번쯤 해봤을 법한 에칭(부식 작용을 이용한 판화) 기법과 유사합니다. 식각 공정에는 건식 식각과 습식 식각이 있습니다. 습식 식각(Wet Etching)은 용액을 이용해 화학적인 반응을 이용해 불필요한 물질을 제거하는 방법입니다. 건식 식각(Dry Etching)은 반응성 기체, 이온 등을 이용해 특정 부위를 제거하는 방법입니다. 식각 공정을 할 때에는 불필요한 물질을 얼마나 정교하고 빠르게 제거하는지가 무척 중요합니다.

5. **증착**(Deposition)**과 이온 주입**(Ion Implantation): 웨이퍼 위의 집적회로는 아파트 층이 하나씩 올라가는 것처럼 차곡차곡 형성됩니다. 집적회로 간의 구분과 연결 그리고 보호 역할을 하는 얇

은 막을 박막(Thin film)이라고 합니다. 이러한 종류의 박막을 만드는 공정을 증착 공정이라고 부릅니다. 증착 공정을 통해 형성된 박막은 크게 두 가지로 구분됩니다. 회로 사이에 전기적인 신호를 연결해주는 전도성막과 내부 연결 층을 전기적으로 분리하거나 오염원으로부터 차단해주는 절연막입니다. 아울러 집적회로가 그려지는 원판(웨이퍼)은 원래 부도체인데 여기에 필요할 때만 전기가 흐를 수 있도록 전기적 성질을 형성하는 과정이 이온 주입 공정입니다. 이온을 미세한 입자로 만들어 웨이퍼 전면에 균일하게 심어줍니다.

6. **금속 배선:** 포토, 식각, 증착, 이온 주입이라는 과정을 여러 번 반복하면 웨이퍼 위에 수많은 집적회로가 만들어집니다. 이 집적회로가 외부의 전기 신호에 반응하기 위해서는 집적회로를 따라 전기로 된 길(금속선)을 연결하는 작업을 해야 합니다. 이 작업이 금속 배선입니다. 반도체 금속 배선에는 알루미늄(Al), 텅스텐(W), 티타늄(Ti), 구리(Cu) 등 다양한 재질이 사용됩니다.

7. **EDS(Electrical Die Sorting):** 반도체를 만드는 공정은 전공정과 후공정으로 나뉩니다. EDS 공정은 전공정의 마지막 단계이자 후

공정의 첫 단추에 해당합니다. 웨이퍼를 개별 칩 단위로 잘라 내기 전에 웨이퍼 위에 회로가 잘 그려지고 금속 배선이 잘 입혀졌는지 등을 테스트합니다. 전기적 검사를 통해 개별 칩들이 원하는 품질 수준에 도달했는지를 확인합니다. 합격품 비율을 높이는 데 필요한 과정입니다.

8. **패키징**(Packaging): EDS 공정이 끝난 이후 웨이퍼 상태에서 개별 단위로 분리된 칩을 베어칩(bare chip) 또는 다이(die)라고 합니다. 이런 칩에 옷을 입히고 연결 단자를 붙여주는 공정이 패키징 공정입니다. 전통적인 방식으로 금속선의 연결 단자를 붙여주는 것은 와이어본딩(Wire bonding)이라고 합니다. 와이어본딩이 끝난 개별 칩을 화학 수지로 밀봉하는 과정은 옷을 입히는 과정과 비슷합니다. 이렇게 옷을 입은 반도체의 최종 불량 유무를 검사하는 것을 파이널 테스트라고 합니다.

차례

1부. 반도체 시장 읽기

2부. 반도체 시장 공부법

1부

반도체 시장 읽기

1

반도체의 중요성

반도체가 왜 그렇게
중요한가요?

우리가 사용하는 대부분의 전자 제품에는 반도체가 필수적으로 들어갑니다. 그리고 한국 주식시장에서도 반도체 관련 기업의 시가총액 비중이 가장 큽니다. 한국에서 삼성전자가 시가총액 1위인 것처럼 대만 주식시장에서도 반도체 기업 TSMC가 시가총액 1위를 하고 있습니다. 코로나 팬데믹 이후 비대면 생활이 일상화되면서 전자 제품의 수요가 증가했고, 모든 사물인터넷 기기에 반도체 칩의 수요도 증가했으며, 나아가 군사 무기에도 반도체가 쓰이고 있습니다. 전략 자원 차원에서도 반도체의 중요성은 더욱 커지고 있습니다.

미·중 무역분쟁과 코로나 발발을 계기로 반도체 산업이 점점 더 중요해지고 있습니다. 미국과 중국뿐만 아니라 한국, 일본, 독일, 이탈리아, 이스라엘 등 다른 나라에서도 반도체 산업은 철강, 조선, 금속, 제지, 음식료처럼 제조업의 중요한 한 축이면서 동시에 일종의 방위산업처럼 인식되고 있습니다. 이러한 인식은 관계 당국의 정책에도 반영되어 국가가 나서서 반도체 기업의 경영 활동이 순조롭게 전개될 수 있도록 각종 지원을 아끼지 않고 있습니다. 코로나가 시작된 직후 한국 기업의 대 중국 수출 시 물류 문제로 어려움이 많았는데, 반도체 관련 장비나 완제품을 수출하는 기업들은 수출 허가를 받는 데 큰 어려움이 없었습니다. 이는 반도체가 중요한 전략 물자처럼 인식되어 국가로부터 보호를 받고 있기 때문입니다.

2022년 5월에 상하이에서 코로나 제로 정책이 시행되었다가 점진적 정상화를 도모하는 상황에서 중국의 반도체 기업 SMIC(中芯國際)는 관계당국의 협조로 생산을 빠르게 재개했습니다. 1차 화이트 리스트에 포함되면서 직원들의 공장 내부 숙식을 전제로 공장 가동을 시작했습니다. 2차 화이트 리스트에는 UNISOC(紫光展銳), 퀄컴 상하이 법인, HDSC(華大九天) 등의 반도체 기업이 대거 포함되었습니다. 중국에서도 반도체를 엄청 중요하게 보고 있음을 알 수 있습니다.

반도체를 두고 과거에는 산업의 쌀이라는 표현을 자주 사용했습니다. 그러나 요즘은 쌀보다도 반도체가 더 중요한 것 같습니다. 쌀이 없으면 없는 대로 다른 곡물로라도 밥상을 차릴 수 있지만 반도체가 없으면 아예 밥상 자체를 포기해야 하는 상황입니다. 적어도 아직은 현존하는 반도체를 대량으로 대체할 수 있는 양산 기술이 개발되지 않았기 때문에 반도체가 쌀보다도 더 중요하다고 말할 수 있습니다.

반도체가 발전하는 과정 중에 필수적으로 등장하는 기술 중 하나는 미세화 또는 집적화 기술입니다. 미세화 또는 집적화를 의미하는 영어는 shrinking(움츠리는), scaling down(축소), migration(변화, 이동)입니다. 미세화는 단세포 생물이 세포 분열을 통해 다세포 생물로 변하는 것과 유사합니다. 반도체에서는 이러한 세포 하나하나가 논리적인 연산을 하거나 데이터를 저장하는 기능을 담당합니다. 따라서 제한된 면적에 더 많은 세포가 들어갈수록 고성능 반도체라 할 수 있습니다.

세포와 세포 사이의 간격이 워낙 좁다 보니 반도체 회로의 간격을 지칭할 때는 나노미터(nm)라고 하는 단위를 사용합니다. 1나노미터는 10억 분의 1미터에 해당합니다. 사람의 눈으로 분간하기 어렵고 머리카락의 폭이나 꽃가루의 지름보다도 좁습니다. 적혈구의 크기보다도 훨씬 작습니다. 그럼 왜 이렇게 눈으로 분간하기 어려운 정도로 미세화를 전개하는 걸까요?

자율주행, 인공지능 시대에는 더 많은 데이터를 실시간으로 처리해야 합니다. 처리해야 할 데이터 양은 늘었지만 이를 탑재하는 기기는 같이 커지지 않습니다. 자율주행차의 기능이 향상된다고 해서 자동차의 크기가 무한정으로 커질 수 없는 것과 같습니다. 그러다 보니 반도체의 크기는 되도록 점점 작아질 수밖에 없습니다. 즉, 제한된 공간 내에서 회로가 더욱 촘촘하게 새겨진 반도체가 필요합니다. 반도체를 만드는(제조하는) 입장에서도 미세화된 반도체의 부가가치는 높습니다. 반도체를 만들 때

웨이퍼를 조각조각 잘라서 반도체를 만드는데, 회로가 미세화된 반도체는 그렇지 않은 반도체보다 크기가 작으므로 반도체 제조사 입장에서는 정해진 시간 내에 더 많은 수량의 반도체를 만들 수 있습니다. 특히 메모리 반도체 업종에서 DRAM이라는 반도체를 만들 때는 미세화가 으뜸으로 요구되는 기술입니다.

반도체를 사용하는 사용자 입장에서도 미세화된 반도체가 더 좋습니다. 세포와 세포 사이의 간격이 좁아 신호가 빠르게 이동하기 때문에 이런 고성능의 반도체가 탑재된 전자 제품은 반응 속도가 무척 빠릅니다. 결국 사용자의 편의성을 높여 줍니다.

그런데 이렇게 제한된 면적에 수많은 회로를 형성해야 하다 보니 고난도의 기술이 필요합니다. 고난도의 기술은 곧 가격이 높다는 것을 의미합니다. 예를 들어 손톱 정도 크기의 반도체 안에 꽃가루보다 폭이 좁은 회로를 만든다고 상상해보겠습니다. 미세화된 회로를 잘 형성하는 것이 엄청난 기술이며, 이럴 때는 빛의 파장을 이용해 회로를 그려내는(형성하는) 고난도의 기술을 필요로 합니다. 이 기술을 마음먹은 대로 구현하려면 네덜란드의 반도체 장비 공급사 ASML이 만든 장비가 필요합니다. 이 장비를 노광 장비라고 부릅니다. 이렇게 사용되는 노광 장비 1대 가격은 LNG(액화천연가스) 유조선 가격에 육박할 정도로 높습니다. TV 뉴스를 보다 보면 삼성전자의 이재용 부회장이 네덜란드 출장을 자주 가는 것을 볼 수가 있는데, 그 이유는 이 장비 때문이라고 알려져 있습니다. 이 장비가 없으면 7나노미터급 이하의 반도체를 아예 만들지 못합니다. 그러다 보니 비싼 장비에 고급 기술을 써야 하는 제조 환경에서는 반도체 가격이 점점 더 올라갈 수밖에 없습니다.

반도체는 전자제품을 움직이는 데 없어서는 안 되는 부품입니다. 우리 모두는 일상생활에서 거의 24시간 내내 알게 모르게 반도체를 사용합니다. 뿐만 아니라 기존에 사용되던 부품을 대신해 반도체를 쓰는 사례도 늘어나고 있습니다. 훨씬 빠르고, 작고, 편하기 때문입니다. 예를 들어 예전에는 PC에 자료를 저장할 때 하드 디스크 드라이브를 사용했습니다. 하드 디스크 드라이브는 자성 물질이 있는 원판에 정보를 저장하는 기계적 구조물입니다. 초창기에 IBM이 개발한 하드 디스크 드라이브는 현재 사용되는 제품보다 훨씬 무거웠다고 합니다. 이동 시에 지게차가 필요할 정도였습니다. 이후에 하드 디스크 드라이브는 소형화되었지만 반도체에 비할 바가 못 됩니다. 그래서 요즘은 정보를 저장할 때 기계적 구조물인 하드 디스크 드라이브가 아니라 반도체로 만들어진 SSD(Solid State Drives) 저장 장치에 저장하는 것이 보편화되었습니다.

SSD가 저장 장치로 보편화되었지만 그래도 하드 디스크 드라이브는 여전히 사용되고 있습니다. 비용이 SSD보다 저렴하기 때문입니다. 마치 가격이 저렴한 옛날식 냉장고가 계속 부엌에 놓여 있는 것과 비슷합니다. 제가 일하던 사무실의 데스크톱 PC에서 저장 장치였던 하드 디스크 드라이브를 SSD로 교체한 것도 불과 몇 년 전의 일입니다. 이윤을 추구하는 기업으로서는 비용 절감이 중요하기 때문에 일부 기업에서는 아직도 하드 디스크 드라이브를 사용하고 있습니다.

카메라 시장에서도 필름 카메라가 점점 없어지고 디지털 카메라로 대체되면서 카메라용 반도체가 필요해지기 시작했습니다. 그러다가 점점 작아지더니 스마트폰에도 탑재되기 시작했습니다. 스마트폰에 탑재되는 반도체 중 카메라 이미지 센서라고 불리는 반도체가 바로 그것입니다. 스마트폰으로 고양이나 강아지의 사진을 찍으면 카메라 이미지 센서는 피사체의 정보를 받아들여 이를 데이터화 시킵니다. 이 과정을 기술적으로 표현하면 비메모리 반도체(ISP, Image Signal Processor)가 메모리 반도체(DRAM)의 도움을 받아 영상 정보를 0과 1이라는 디지털 신호로 이루어진 RGB(Red, Green, Blue) 데이터로 변환되는 것을 말합니다. 마치 필름 카메라를 사용하던 시절에 피사체의 정보가 필름 위에 작게 압축되어 남는 것과 비슷합니다. 이처럼 카메라 이미지 센서는 필름 카메라에서 필름의 역할을 담당한다고 할 수 있습니다.

자, 여기서 0과 1이라는 디지털 신호 얘기가 나왔으니, 이참에 반도체 얘기를 좀 더 해보겠습니다. 아시다시피 반도체는 도체와 부도체 사이쯤 되는 물질입니다. 도체(導體)는 전기가 통하는 물질, 부도체(不導體)는 전기가 통하지 않는 물질을 말합니다. 반도체(半導體)는 도체와 부도체의 중간입니다. 온도가 낮을 때는 부도체에 가까워 전기가 통하지 않지만 온도가 높을 때는 도체에 가까워지며 전기가 통합니다. 좀 더 정확히 표현하면 필요할 때만 전기가 흐른다고 할 수 있습니다. 이때 전기가 흐르지 않으면 0, 전기가 흐르면 1이 됩니다. 이렇게 전기가 흘렀다 흐르지 않았다 하는 반도체의 성질을 가지고서 각종 정보를 디지털로 전환합니다. 그리고 이 디지털 정보를 이용해 각종 연산을 수행하고 데이터를 저장하는 역할도 합니다. 이것이 바로 반도체가 하는 일입니다.

시장 조사 기관 IC인사이츠에 따르면 전 세계 반도체 시장의 규모는 2021년 기준으로 5,000억 달러를 웃도는 것으로 나옵니다. 반도체 시장이 폭발적으로 커진 계기는 스마트폰의 출현 때문이라고 할 수 있습니다. 초기에 스마트폰 시장을 주도했던 브랜드는 블랙베리와 아이폰입니다. 초기에는 간단한 메시지 프로그램과 낮은 화소의 카메라가 사용되었으나 스마트폰이 4세대,

5세대 이동 통신을 기반으로 진화하면서 데이터 전송 속도가 빨라지고 더 많은 기능을 수행하기 위해 더 다양한 반도체가 스마트폰에 사용되고 있습니다. 그래서 우리가 하루 24시간 동안 스마트폰을 자주 사용하면 할수록 더 많은 반도체를 필요로 합니다. 다만 스마트폰 안에 탑재된 반도체를 직접 만지거나 들여다보기가 어렵기 때문에 일상생활 속에서 반도체의 활약을 직접적으로 느끼기 어려울 뿐입니다. 반도체에 특별한 관심을 두지 않는다면 그저 조금 편리하구나! 세상 좋아졌네! 정도로만 생각될 뿐입니다. 하지만 이 모두는 반도체 덕분이라고 할 수 있습니다.

반도체 시장의 규모가 워낙 크고 반도체가 핵심 부품으로서 중요하다 보니, 반도체를 잘 만드는 기업은 매우 높은 기업 가치를 인정받게 됩니다. 한마디로 아주 넓은 바다 위에서 크기가 점점 불어나는 섬과도 같습니다. 또한 반도체 산업은 기술 진입 장벽이 높아 일부 반도체의 경우 설계나 제조 기업이 전 세계적으로 한 곳뿐이거나 두세 곳으로 한정되기도 합니다. 이런 기업 중에는 100조 원 이상의 기업 가치를 인정받는 곳도 있습니다. 특히 전 세계에서 유일무이한 반도체 관련 기술을 갖추게 되면 같은 규모로 돈을 번다고 해도 다른 업종의 기업보다 더 높은 가치를 주식시장에서 인정받습니다. 과일 중에서 일반적으로 유통되는 사과와 명절을 앞두고 제수(祭需)로 팔리는 사과의 가격이 다른 것처럼 말입니다.

한국 기업인 삼성전자는 반도체 분야에서 독자적 기술을 갖춘 기업의 대열에 들어섰고, SK하이닉스도 메모리 반도체 업종에서 높은 위상을 갖는 기업이 되었습니다. 미국의 반도체 기업 중에서는 엔비디아가 가장 높은 기업 가치를 인정받고 있습니다. 엔비디아는 게임을 좋아하거나 PC용 부품에 관심이 많은 분이라면 다들 잘 알고 있는 기업입니다.

PC 시장에 대해 이야기할 때 퍼뜩 떠오르는 기업 중에 마이크로소프트도 있지만 인텔도 있습니다. 엔비디아의 시가총액이 커지기 훨씬 전에는 인텔이 미국의 반도체 시장을 대표하는 기업이었습니다. 하지만 최근에는 인텔보다 엔비디아의 기업 가치가 훨씬 더 높습니다. 나중에 설명해 드리겠지만 엔비디아가 데이터센터 시장에서의 점유율을 높이며 데이터센터용 제품이 전사 매출 성장을 견인하고 있기 때문입니다. 그전까지는 엔비디아의 주력 제품은 게임기와 PC에 탑재되는 그래픽 처리 반도체였는데, 최근 수년 동안 데이터센터용 제품의 매출 비중이 10% 남짓에서 40% 내외까지 올라가며 기업 가치 상승을 견인했습니다.

대만에서는 TSMC가 반도체 업종을 대표하는 기업입니다. TSMC는 파운드리(Foundry)회사입니다. 파운드리는 반도체 산업에서 생산라인 즉, 공장 역할을 담당하는 기업을 뜻하는 단어입니다. 다른 회사로부터 반도체 설계도를 받아서 이를 바탕으로 제품 제조를 담당합니다. 반도체 업종에서는 제품 제조를 대규모로 전개하려면 수십조 원 단위의 천문학적인 설비투자 비용이 듭니다. 그래서 반도체 기업 중에는 설계와 제조를 모두 영위하는 기업도 있지만 TSMC처럼 반도체 제조만 전문적으로 담당하는 회사도 있습니다. 스마트폰의 보급으로 비메모리 반도체의 종류가 급격하게 늘어나면서 TSMC와 같은 파운드리 기업이 빠르게 성장하게 되었습니다. 파운드리 기업에 대해서는 이어지는 꼭지에서 좀 더 자세히 설명해 드리도록 하겠습니다.

한국의 삼성전자와 SK하이닉스, 대만의 TSMC 중에서는 어느 기업의 가치가 가장 높을까요? 시가총액 기준으로는 대만의 TSMC가 가장 높은 가치를 인정받고 있습니다. 일반적으로는 반도체의 설계와 제조를 모두 담당하는 종합반도체 기업(삼성전자, SK하이닉스 같은)이 더 높은 가치를 인정받을 것 같지만, 반도체 위탁·제조만 하는 TSMC의 시가총액이 더 높습니다. 그 이유는 TSMC만이 생산할 수 있는 고성능 반도체의 수요가 전 세계적으로 점점 증가하고 있기 때문입니다. 예를 들어 비트코인을 채굴하는 데에 필요한 고성능 반도체는 TSMC의 선단(先端, 맨 앞의 끝 즉, 첨단을 뜻함) 공정 생산 설비에서만 제조되고 있습니다(최신 뉴스에 의하면 삼성전자도 생산을 시작했다고 합니다). 선단 공정은 반도체의 선폭이

10나노미터 이하로 아주 좁은 것을 의미합니다. 이렇게 선폭이 좁은 회로를 형성해서 반도체를 만들려면 특수한 장비와 부품이 필요합니다. 이런 종류의 장비와 부품은 기존 제품과 달리 천문학적인 가격에 판매됩니다.

TSMC의 성장과 발전은 스마트폰과 함께 이루어졌습니다. 스마트폰에 적용되는 이동 통신 기술이 4세대에서 5세대로 진화하는 과정에서 스마트폰에 사용되는 반도체의 종류가 늘어났기 때문입니다. TSMC의 전체 매출에서 40% 이상이 스마트폰과 관련된 분야에서 발생합니다. 이동 통신 기술 중 5세대 기술이 TSMC의 실적에 긍정적 영향을 끼친 시기는 2019년 6월부터입니다. 이는 5G 스마트폰에 탑재되는 반도체를 TSMC가 제조해서 공급하기 시작했다는 것을 의미합니다.

TSMC의 위상이 워낙 확고하다 보니 한국에서도 TSMC에 대한 주식 투자자들의 관심이 매우 큰 편입니다. TSMC가 제조하는 반도체 중에는 스마트폰용 반도체뿐만 아니라 서버나 PC에 탑재되는 반도체도 있습니다. TSMC의 제품별 매출 비중을 응용처로 구분하면 스마트폰용 반도체와 서버 및 PC용 반도체가 각각 40% 내외로 거의 쌍벽을 이루고 있습니다.

대만 주식시장에서 TSMC가 시가총액 1위 기업으로서 항상 많은 주목을 받는 것처럼 한국 증시에서도 삼성전자와 SK하이닉스의 위상이 높습니다. 한국 주식시장(KOSPI)에서는 삼성전자와 SK하이닉스와 같은 반도체 기업이 차지하는 시가총액 비중은 2022년 4월 현재 기준으로 20% 이상입니다. 상황이 이렇다 보니 반도체 업종을 담당하는 애널리스트는 나름 막중한 사명감을 가지고 있습니다. 스스로 그렇게 생각하는 것뿐만 아니라 주변 시선에서도 그러한 기대감을 느낄 수 있습니다. 제가 2018년 7월에 엔비디아에서 개최하는 행사에 참관한 적이 있는데, 그곳에서 만난 어떤 분으로부터 우리나라 경제를 잘 부탁한다는 말씀을 듣고 반도체 업종을 담당하는 애널리스트로서 큰 책임감을 느꼈습니다. 이런 생각을 할 때면 외견상 평범한 직장인이지만 절반은 공인으로 사는 것 같은 기분이 들기도 합니다.

반도체 애널리스트로 일하다 보면 삼성전자나 SK하이닉스의 주가가 오르면 오르는 대로, 내리면 내리는 대로 온갖 곳으로부터 질문을 받습니다. 개인투자자나 기관투자자뿐만 아니라 주변 지인들까지 앞으로 실적이 어떻게 될 것 같냐, 주식을 언제 사면 되느냐 등의 질문을 쉴 새 없이 받습니다. 가장 많이 받는 질문은 당연히 주가 흐름에 관한 질문입니다. 이와 더불어 반도체 뉴스나 기술에 관한 질문도 많이 받습니다. 이렇게 질문을 받으면 그때마다 최선을 다해 답변하고자 합니다만 언제나 정확하게만 예측할 수는 없습니다. 그리고 기술에 관한 질문은 제가 연구자는 아니기 때문에 잘 모르거나 틀리는 부분도 있습니다. 그래서 경우에 따라 질문만큼이나 비판도 많이 받습니다. 그럼에도 24시간 항상 문을 열어 두는 편의점 사장님처럼 물건을 사려는 분이나 물건을 납품하는 분 모두에게 이익이 될 수 있도록 밤낮없이 노력하고 있습니다.

첫 번째 글에서는 반도체의 중요성을 말한다는 것을 빌미로 이 책에서 다룰 내용들을 전체적으로 간단히 훑어보았습니다. 반도체는 무역 전쟁과 군사적 대립을 일으킬 정도로 전략적 자원으로 인식되고 있습니다. 그리고 수많은 반도체 기업이 국가의 안위를 놓고 경쟁을 벌이고 있는 산업이기도 합니다. 단순히 우리 기업이 경쟁에서 이기고 수익을 확보하겠다는 차원이 아니라 국가의 경쟁력을 걸고 서로 승부를 겨루는 느낌입니다. 경쟁도 심하고 시장에 진입하기 위해 넘어야 할 장벽도 무척 큽니다. 그리고 돈도 시간도 엄청나게 소요됩니다. 하지만 한번 승기를 잡게 되면 꽤 오랫동안 그 혜택을 누릴 수 있습니다. 이렇게 중요한 산업에 한국의 기업들이 잘하고 있다는 사실이 너무 자랑스럽습니다. 앞으로 하나씩 반도체에 관한 이야기, 저의 리서치 습관에 관한 이야기를 풀어가 보도록 하겠습니다.

2
반도체 업종

팹리스와 파운드리는 무엇인가요?

팹리스(Fabless) 기업은 반도체를 설계하는 기업입니다. 팹리스라는 단어에서 '팹'은 Fabrication Facilities(제조 설비)를 의미합니다. '팹이 없다'는 뜻의 팹-리스는 반도체 생산 설비를 별도로 갖추지 않았다는 것을 뜻합니다. 팹리스와 달리 생산 설비를 갖추고서 위탁·제조를 전문적으로 담당하는 기업을 파운드리(Foundry)라고 부릅니다. 파운드리는 '주조 공장'이라는 뜻입니다. 전 세계적으로 파운드리와 팹리스를 대표하는 기업은 각각 TSMC와 엔비디아라고 할 수 있습니다. 삼성전자는 파운드리와 팹리스 사업을 동시에 영위하고 있습니다.

지금부터는 반도체 뉴스에 많이 등장하고 자주 언급되는 핵심 단어인 팹리스(Fabless)와 파운드리(Foundry)를 살펴보겠습니다.

어떤 분은 저 단어를 접할 때마다 '펩시콜라'와 '파운드케이크'가 떠오른다고 합니다. 그만큼 낯선 용어입니다. 사실 반도체 업계 관계자가 아니고는 평상시에 거의 사용하지 않는 단어입니다. 하지만 뉴스나 인터넷 기사, 유튜브 동영상 등으로는 요즘 심심찮게 접하는 용어입니다. 심지어 일부 대선 후보의 공약에도 등장하기까지 했습니다. 팹리스와 파운드리는 반도체 산업에 있어서 기업의 역할에 따른 구분입니다. 팹리스는 반도체의 회로를 설계하는 기업이고, 파운드리는 이미 그려진 설계도에 따라 반도체를 전문적으로 위탁받아 제조하는 기업을 말합니다.

팹리스와 파운드리에 대해 설명해달라는 질문을 받으면, 저는 파운드리부터 먼저 설명합니다. 반도체는 수많은 복잡한 과정을 거쳐야 만들어지는 고급 요리와 비슷하고 파운드리는 이러한 요리가 실제로 만들어지는 주방과 같은 곳입니다. 제가 2020년에 출연했던 유튜브 채널 〈신사임당〉에서도 파운드리에 대해 잠깐 이야기를 나눌 기회가 있었습니다. 반도체 파운드리는 그냥 주방처럼 생각하면 이해하기 쉽다고 주언규 대표에게 얘기했더니 이해하기 쉬운 적절한 비유라 평했습니다.

파운드리는 원래 반도체 산업이 아닌 곳에서도 사용되던 용어였습니다. 주조(鑄造) 공정을 통해 금속 제품을 생산하는 곳을 의미했습니다. 이처럼 반도체 산업이 태동하기 전부터도 파운드리라는 단어는 사용되고 있었습니다. 반도체 업종에서 파운드리 업종의 중요성이 높아지고 파운드리라는 용어가 활발하게 쓰이게 된 것은 이동 통신 기술이 3세대, 4세대, 5세대로 변화하면서 스마트폰용 반도체, 데이터센터용 반도체에 요구되는 성능이 비약적으로 발전하면서부터입니다. 각각의 통신 기준에 부합하면서도 빠르게 작동하는 반도체의 공급이 필요했는데, 반도체 설계와 제조를 동시에 전개하는 기업은 이러한 속도를 따라잡을 수가 없었습니다. 특히 스마트폰이 고성능화되면서 카메라 촬영, 지문 인식 등의 기능을 구현하기 위해서는 더욱 다양한 비메모리 반도체가 필요했습니다. 이 같은 수요에 대응하기 위해서는 제조만 하는 파운드리와 설계만 하는 팹리스 기업이 각자의 역할에만 충실하면서 발전하는 것이 필요했습니다. 마치 다양한 신규 요리가 새롭게 생겨나면서 음식을 조리하는 주방은 주방대로 발전하고, 요리법을 연구하는 요리사는 요리사대로 성장해서 각자 창업해서 사업을 키워가는 것과 유사합니다.

전 세계적으로 가장 큰 파운드리 기업은 대만의 TSMC입니다. 시가총액만 500조 원을 웃돕니다. 삼성전자의 시가총액은 2022년 4월 현재 400조 원을 웃돕니다. 삼성전자의 반도체 사업부는 메모리와 비메모리로 나눌 수 있는데, 메모리 부문에서도 그리고 비메모리 부문에서도 팹리스와 파운드리를 동시에 영위하고 있습니다(메모리와 비메모리에 대해서는 다음 글에서 자세히 설명하겠습니다). 다만 증권 관련 뉴스에서 삼성전자를 파운드리 회사로 언급하는 경우 일반적으로 비메모리 사업에서의 파운드리를 의미한다고 이해하면 됩니다. 그래서 '삼성전자 파운드리'라는 단어를 보게 되면 '삼성전자의 비메모리 반도체 부문의 제조 사업'이라고 해석해도 좋습니다. 원래 삼성전자는 메모리 반도체 분야의 강자입니다. 매출과 영업이익의 상당수도 그쪽에서 발생하고 있습니다. 그러다 최근 비메모리 부분에서 경쟁력을 키우려 하고 있습니다.

이제부터는 팹리스에 관해 설명하겠습니다. 팹리스는 영어로 'Fabless' 또는 'Fab-less'라고 씁니다. 위에서 비유했던 표현을 참고하자면 팹리스 기업은 반도체 기업 중에서도 주방이나 부엌이 없는 기업을 의미합니다. 마치 어떤 요리사가 고급 요리를 만드는 법을 구상하며 책상 앞에 앉아 열심히 손으로 써내려 가는 것과 비슷합니다. 그 요리사는 주방을 따로 구비하고 있지 않지만 요리법을 개발하는 것이 본업입니다.

전 세계적으로 스마트폰에 탑재되는 반도체의 경우 파운드리와 팹리스의 구분이 비교적 뚜렷합니다. 파운드리든 팹리스든 미국이나 대만에서 이를 선도하는 기업의 시가총액은 가히 넘사벽 수준입니다. 팹리스 업종을 대표하는 미국의 엔비디아, AMD의 시가총액은 2022년 4월 현재 각각 500조 원, 150조 원을 웃돕니다. 파운드리 업종을 대표하는 TSMC의 시가총액도 500조 원을 웃돌고 있으니 웬만한 기업 여러 곳을 합친 것보다도 더 큰 가치를 인정받고 있는 셈입니다. 어떤 반도체 기업이든 반도체 생산 설비가 있고(파운드리) 없고(팹리스)와 상관없이 주력 제품이나 서비스의 위상이 확고하게 높다면 기업 가치도 그에 따라 움직인다는 것을 알 수 있습니다.

　그러나 스마트폰보다 오랜 역사를 지닌 차량용 반도체 시장에서는 이 같은 역할 구분이 상대적으로 제한적입니다. 팹리스와 파운드리 사업을 동시에 영위하는 기업들이 상위권을 차지하고 있습니다. 차량용 반도체 시장에서는 독일의 인피니언 (Infineon)과 네덜란드의 NXP가 각각 1, 2위를 다투고 있습니다. 양사 모두 반도체를 설계하고 제조하는 팹리스와 파운드리 사업을 동시에 영위하고 있습니다. 이런 기업을 종합 반도체 기업이라고 부릅니다. 종합 반도체 기업을 영어로는 IDM이라고 부릅니다. Integrated Device Manufacturers의 앞 글자를 딴 것입니다. 이런 종합 반도체 기업, IDM 기업은 자체적으로 설계와 제조를 함께 전개하다 외부에 위탁·제조하는 것이 더 낫겠다는 판단이 들면 설계를 마친 반도체 중 일부 제품을 TSMC와 같은 전문 파운드리 기업에 맡깁니다. 최근 차량용 반도체 공급 부족 영향으로 32비트 마이크로 컨트롤러 유닛이라고 불리는 반도체는 TSMC와 같은 전문 파운드리 기업의 생산 설비에서 위탁·제조가 이루어지고 있습니다.

　팹리스와 파운드리라는 단어는 반도체 중에서 비메모리 반도체 분야에서 좀 더 많이 쓰입니다. 앞서 언급했던 대만의 TSMC, 미국의 엔비디아는 모두 비메모리 반도체를 주력으로 하는 기업입니다. 반면에 메모리 반도체를 주력으로 하는 SK하이닉스나 삼성전자는 설계와 제조를 동시에 합니다. 비메모리 업종에서는 워낙 제품의 종류가 다양해서 파운드리 기업과 팹리스 기업의 역할 구분이 뚜렷하지만, 메모리 업종에서는 이 둘을 동시에 영위하는 기업이 훨씬 많습니다.

그렇다면 메모리 반도체 업종에서도 비메모리 반도체의 경우와 마찬가지로 순수한 팹리스 기업이나 순수한 파운드리 기업이 있을까요? 네, 있습니다. 한국의 상장기업 중 제주반도체라는 기업이 바로 메모리 반도체를 설계하는 팹리스 기업입니다. 제주반도체는 메모리 반도체 중 휘발성 메모리 반도체의 일종인 DRAM을 주로 설계하는 기업입니다. 그러나 설계만 할 뿐, 전문적으로 제조하는 설비를 보유하고 있지는 않습니다. 이처럼 메모리 반도체 업종에서도 팹리스 기업과 파운드리 기업이 별개로 존재하기도 합니다.

앞에서 살펴본 바와 같이 반도체 기업을 구분할 때는 케이스 바이 케이스라고 부를 정도로 여러 가지 경우의 수가 있습니다. 하지만 메모리와 비메모리, 설계와 제조 이렇게 4가지 조합으로 반도체 산업을 이해하면 조금 더 편하게 접근할 수 있습니다. 그래서 뉴스를 통해 새로운 반도체 기업을 접했을 때 그 기업의 주력 제품이 메모리와 비메모리 중 어디에 속하는지, 역할 측면에

서는 그 기업이 설계와 제조 중 어디를 담당하는지 정도만 확인
해도 관련 뉴스를 이해하는 데 큰 도움이 됩니다.

3

반도체 종류

메모리 반도체와 비메모리 반도체는
어떻게 다른가요?

메모리 반도체는 정보를 저장하는 데 사용됩니다. 비메모리 반도체는 정보의 저장이 아니라 정보의 처리나 연산 등의 기능을 담당합니다. 우리나라의 반도체 산업은 메모리 반도체의 비중이 상대적으로 높습니다. 이렇다 보니 삼성전자와 SK하이닉스의 영업이익에서도 메모리 반도체가 대부분을 차지합니다. 반면, 미국이나 대만의 반도체 대형주는 거의 비메모리 반도체 기업입니다. TSMC와 엔비디아 모두 비메모리 기업에 해당합니다. 따라서 미국이나 대만 반도체 기업에 투자하려면 비메모리 반도체 산업에 관해 꼼꼼히 공부할 필요가 있습니다.

반도체 기업 관련 뉴스를 살펴보면 어떤 기업이 메모리 반도체 기업인지, 비메모리 반도체 기업인지 명확히 구분해서 언급하는 경우가 과거에 비해 훨씬 많아졌습니다. 예전에는 그냥 반도체 기업이라고만 언급했는데 그때에 비하면 산업에 대한 이해도와 관심이 많이 높아졌다고 할 수 있습니다. 산업통상자원부에서 발표하는 월별 수출입 현황을 살펴보아도 시스템 반도체라고 불리는 비메모리 반도체에 관련된 내용이 예전보다 구체적으로 기재되어 있습니다. (우리나라에서는 워낙 메모리 반도체 비중이 크다 보니 반도체 하면 메모리 반도체를 떠올리는 경우가 많아, 메모리가 아닌 반도체를 통칭해서 비메모리라고 부릅니다. 시스템 반도체도 비메모리 반도체와 같은 말입니다.)

　한국의 반도체 산업이 메모리 중심이라는 특성을 보여서 그렇겠지만, 과거에는 반도체라는 단어를 언급하면 대부분 메모리 반도체부터 떠올렸습니다. 하지만 이제는 비메모리 반도체에 대한 관심도 메모리 반도체만큼이나 커졌습니다. 비메모리(시스템) 반도체는 4차 산업혁명의 두뇌 역할을 하는 부품입니다. 기기 간의 통신을 필요로 하고 더 많은 데이터를 재빨리 처리하는 등 반도체에 요구되는 기능은 점점 세분되고 다양해지고 있습니다. 반도체가 들어가지 않던 물건에도 반도체가 탑재되면서 고급 기능 제품으로 재탄생하는 경우도 계속해서 많아지고 있습니다. 반도체 수요는 이를 뒤따라가며 발전하고 있습니다. 그래서 고급 가전제품이나 전기차일수록 반도체 탑재량이 증가하고 있습니다. 이러한 흐름이 계속 이어진다면 조만간 나이키 운동화나 리바이스 청바지에도 반도체가 들어갈지 모릅니다.

　반도체 전체 시장에서 비메모리 반도체가 70% 정도를 차지하고 있습니다만 메모리 반도체는 30%를 넘지 못하고 있습니다. 그런데 이마저도 메모리 반도체의 가격 변동에 따라 비중이 늘었다 줄었다 합니다. 메모리 반도체는 비메모리 반도체가 무언

가를 처리하거나 연산하는 과정에서 필요로 하는 디지털 정보를 일정한 시간 동안 담아 두는 역할을 합니다. 마치 쟁반에 밥과 국을 담아 빠르게 나르는 것과 비슷하고 음식을 냉장고에 저장하는 것과 유사합니다. 따라서 어떤 제품에 데이터 저장 기능이 많이 요구되면 될수록 고용량의 메모리 반도체가 탑재됩니다.

그런 점에서 볼 때 스마트폰은 고사양의 메모리 반도체를 요구하는 대표적인 제품입니다. 스마트폰에 탑재된 카메라 이미지 센서로 촬영한 사진은 메모리 반도체에 해당하는 낸드 플래시 (NAND Flash, 전원이 꺼져도 데이터가 사라지지 않는 비휘발성 저장 장치)에 저장됩니다. 카메라 이미지 센서에서 정보를 처리할 때는 메모리 반도체의 일종인 DRAM(전원을 공급하지 않으면 데이터가 소멸되는 휘발성 저장 장치)이 중요한 역할을 담당합니다. 이와 마찬가지로 자율주행 기능이 강화된 자동차도 스마트폰처럼 고사양의 메모리 반도체를 요구합니다. 자율주행의 레벨이 올라갈수록 자동차 한 대당 필요로 하는 카메라 이미지 센서는 점점 늘어납니다. 당연히 이에 맞춰 메모리 반도체인 DRAM의 탑재량도 늘어납니다.

내연기관 자동차용 반도체에서는 메모리 반도체보다 비메모리 반도체가 훨씬 많이 사용됩니다. 전 세계 반도체 시장에서 메모리 반도체가 차지하는 비중은 일반적으로 30%를 웃돌지 못한다고 말씀드렸습니다만, 차량용 반도체 시장에서는 이보다 훨씬 작은 10% 미만입니다. 내연기관 자동차에서 메모리 반도체가 상대적으로 적게 사용되는 이유는 무엇일까요? 자율주행이라는 개념이 등장하기 전에는 내연기관 자동차를 이용할 때 즉, 주행하거나 주차할 때 특정한 데이터를 많이 저장할 필요가 없었습니다. 내비게이션 기기나 첨단 운전자 보조 시스템(ADAS) 정도에만 DRAM 반도체가 들어갔습니다. 운전을 오래 하셨던 분들은 기억하고 계시겠지만 20년 전만 하더라도 한국에서는 내비게이션 기기를 탑재한 차량을 거의 찾아볼 수가 없었습니다. 즉, 20년 전에 도로를 달리던 내연기관 자동차에는 내비게이션 기기가 탑재되지 않았으니 DRAM의 탑재량이 많이 필요하지 않았습니다. 하지만 지금은 누구나 내비게이션을 사용하고 있습니다. 게다가 자율주행차량도 점점 늘어나고 있습니다. 향후 스마트폰 한 대에 탑재되는 메모리 용량보다 자동차에 필요로 하는 메모리 용량이 더 커질 수 있을 것입니다.

메모리 반도체에 대해 좀 더 얘기해보겠습니다. 삼성전자나 SK하이닉스와 같은 메모리 반도체 공급사는 표준화된 제품을 대량으로 생산합니다. 메모리 반도체가 처음 태동하던 시기에는 다양한 종류의 제품이 존재했지만, 그중에서 구조적으로 미세화 또는 집적화에 유리한 제품이 점점 더 많이 생산되면서 DRAM과 낸드 플래시 제품이 메모리 반도체의 대부분을 차지하게 되었습니다. 마치 HBO에서 방영했던 《왕좌의 게임》이라는 드라마에서 후속 시리즈로 갈수록 점점 가혹해지는 환경에 잘 적응하는 소수의 인물만 살아남는 것과 비슷합니다. 메모리 반도체 산업에서는 대량 생산에 적합한 양산성을 갖고 있느냐 없느냐가 무척 중요합니다. DRAM과 낸드 플래시는 초기에 양산성 측면에서 다른 제품들보다 구조적으로 오밀조밀하게 집적화가 잘 되고 원가 측면에서도 가성비가 뛰어났기 때문에 살아남았습니다. 이와 반대로 구조상 집적화가 힘들거나 단위 용량당 가격이 높은 메모리 반도체는 틈새시장 제품으로만 남게 되었습니다. 그래서 메모리 반도체라는 용어를 사용할 때는 일반적으로 DRAM이나 낸드 플래시를 의미합니다.

한편, 비메모리 반도체는 앞에서도 잠깐 언급하기도 했지만, 사람으로 치면 두뇌 역할을 담당하는 반도체입니다. 정보의 연산이나 처리를 담당합니다. 최근에는 정보의 종류가 다양해지면서 비메모리 반도체의 기능도 다변화되고 있습니다. 그러다 보니 종류도 많아지고 다품종 생산이 하나의 특징으로 자리 잡았습니다.

비메모리 반도체의 다품종 추세를 엿볼 수 있는 대표적인 제품은 CPU(Central Processing Unit)입니다. CPU가 컴퓨터에서 두뇌 역할을 담당한다는 것은 잘 알려져 있습니다. 그런데 그중에서도 그래픽 정보만 따로 더 빠르게 처리하는 반도체인 GPU(Graphic Processing Unit)는 약 20여 년 전부터 발전하기 시작했습니다. 독립형, 분리형 GPU의 발전을 주도한 기업이 엔비디아입니다. 현재 GPU 1위 공급사인 엔비디아는 CPU 1위 공급사인 인텔보다도 더 높은 시가총액을 기록하고 있습니다. GPU의 전방산업(직접 소비자를 대면하는 완제품 시장을 전방산업, 완제품에 들어가는 원천 소재나 부품 산업을 후방산업이라고 함)은 게임 시장이었는데, 지금은 데이터센터 시장과 매출 기여도 면에서 막상막하를 다투고 있습니다. 이런 변화가 생겨난 이유는 동영상 또는 자연어 처리와 분석에 엔비디아가 설계하는 GPU가 더 유용하게 쓰이고 있으며, 이를 잘 아는 기업들이 데이터센터를 구축할 때 엔비디아의 GPU나 슈퍼컴퓨터를 활용하기 때문입니다.

비메모리 반도체의 세분화와 다양화 추세는 스마트폰에서도 엿볼 수 있습니다. 컴퓨터에 탑재되는 CPU처럼 메모리에 저장된 명령어와 데이터를 불러와 순서대로 처리하는 역할을 담당하는 반도체를 스마트폰에서는 AP(Application Processor)라고 부릅니다. AP에서 P는 Processor를 의미하므로 CPU의 P와 같은 의미입니다. 컴퓨터의 CPU처럼 스마트폰에서는 AP가 두뇌 역할로 논리 연산이나 데이터 처리 등을 담당합니다. 다만 AP는 CPU를 포함해 GPU, 디지털 신호 처리장치, Connectivity 관련 반도체 등이 통합적으로 모여 있는 반도체입니다.

그 외 AP와 CPU의 큰 차이점은 소비 전력입니다. CPU는 마치 하루에 다섯 끼를 먹고 종일 빠르게 달리면서 땀을 많이 흘리는 것과 비슷합니다. 그래서 소비 전력 수준이 높습니다. 반면 스마트폰의 AP는 소비 전력 수준이 낮습니다. 그래서 하루에 한 번 충전하고 종일 들고 다녀야 하는 스마트폰에 적합합니다. AP가 CPU보다 조금 더 단순한 명령어 체계로 이루어져 있다 하더라도 기능상 부족하거나 그렇지는 않습니다. AP는 스마트폰의 이동성과 저전력 특성에 맞게 진화한 CPU라 할 수 있습니다.

비메모리 반도체의 세분화와 다양화에 관해 이야기하다 보니 AP와 GPU까지 언급하게 되었습니다. 결국 이런 친구들은 CPU라는 하나의 뿌리에서 유래된 제품들입니다. 컴퓨터의 기능 중 그래픽 처리가 유난히 중요해지거나 휴대폰의 특징과 역할 중에서 통신 기능 또는 전력 절감이 중요해지자, 이러한 파생 제품들이 발전하면서 비메모리 반도체 시장의 규모가 커졌다고 볼 수 있습니다. 그러나 메모리 반도체는 말 그대로 메모리(저장) 역할만 담당하고 있다 보니 반도체 시장에서 차지하는 비중이 제한적입니다.

그럼 비메모리 반도체가 발전할수록 메모리 반도체 시장은 점점 쪼그라드는 것일까요? 그렇지는 않습니다. 같이 성장한다고 보는 것이 타당합니다. 스마트폰과 개인 PC가 본격적으로 등장하기 이전에는 주로 자동차나 산업용 기계에서 쓰였다고 말씀드렸습니다. 이때는 메모리 반도체가 차지하는 비중은 10% 내외로 제한적이었습니다. 미국 반도체 산업 협회(SIA: Semiconductor Industry Association)에서 전략 컨설팅 기업 BCG와 함께 2021년 4월에 발표한 자료에 따르면, 차량용 반도체 시장과 산업용 반도체 시장에서 메모리 반도체가 차지하는 비중은 각각 6%와 10%에 불과합니다. 그런데 컴퓨터용 반도체 시장에서는 이 비중이 18%까지 늘어나고 스마트폰용 반도체 시장에서는 39%까지 늘어납니다. 비메모리 반도체 종류가 다양해지고 성능이 발전할수록 데이터 연산이나 처리 과정에서의 메모리 반도체 역할(저장)도 함께 중요해지기 때문입니다. 예를 들어 카메라 이미지 센서라고 불리는 비메모리 반도체의 해상도가 높아져서 실물처럼 윤곽선이 자연스럽고 선명한 이미지 정보를 처리할 수 있으려면 DRAM 용량도 같이 늘어나야만 가능합니다.

차량용 반도체 시장에서 메모리 반도체가 차지하는 비중은 6%로 낮지만, 완성차가 지금보다 좀 더 전장화(전자장치화)되고 완전한 의미의 자율주행 자동차처럼 변모한다면 차량 한 대에 탑재되는 메모리 반도체의 비중은 10%를 웃돌게 될 것입니다. 고해상도 지도 정보를 끊임없이 처리하고, 차량 안전 및 보안 관련 정보를 저장하고, 여러 종류의 운영 체제를 동시에 지원하기 위해서는 메모리 반도체 용량도 함께 늘어나야 합니다. 이처럼 반도체 시장 내에서 비메모리 반도체와 메모리 반도체는 상호 보완재의 성격을 지니고 있습니다. 그래서 주식 투자자의 관점에서는 대만의 TSMC나 미국의 엔비디아처럼 비메모리 반도체의 대표 기업도 살펴보아야 하지만 SK하이닉스처럼 메모리 반도체 비중이 높은 기업에 대해서도 계속 관심을 가지고 지켜봐야 합니다.

지금까지 비메모리 반도체의 사례로 CPU나 GPU, 그리고 카메라 이미지 센서 등을 말씀드렸습니다. 그 밖에도 재미난 제품이 많습니다. 지금은 많은 정보를 한꺼번에 처리하는 두뇌 역할의 반도체를 프로세서라 부르는데, 과거 반도체가 단 하나의 전기적 기능만 담당하던 시절에는 반도체를 트랜지스터나 다이오드라고 불렀습니다. 반도체가 CPU처럼 고성능화되기 전인 초창기에는 트랜지스터나 다이오드가 반도체를 대표했습니다. 다이오드는 주로 한쪽으로만 전기 신호가 흐르는 반도체를 의미합니다.

한편 비메모리 반도체 중에 마이크로 컨트롤러 유닛(Micro Controller)이라는 긴 이름을 지닌 반도체가 있습니다. 영어로 MCU라고 부르는데 자동차나 가전제품에 상당히 많이 탑재되어 있습니다. 특정한 조건이 발생하면 사용자에게 알림을 하는 역할을 담당합니다. 예를 들어 냉장고의 문이 닫히지 않은 채 열려 있다면 냉장고에서 알림 소리를 신호로 내보냅니다.

MCU는 자동차를 후진 주차할 때도 충돌이 발생하지 않도록 도와주는 기능도 담당합니다. 이런 역할을 담당하는 MCU가 수십 개 탑재되는 경우가 있는데, MCU가 다량으로 탑재된 가전제품이나 자동차는 사물 인터넷의 '끝판왕' 같은 제품이라고 할 수 있습니다. 이 같은 가전제품이나 자동차는 고가로 판매됩니다. 외형상으로 봤을 때는 비슷하게 생긴 냉장고지만 판매 가격이 수백만 원씩 차이가 나는 이유는 외장재, 모터, 디자인 등의 차이 외에도 MCU의 탑재량이 다르다는 차이점을 지니고 있기 때문입니다. 이렇게 MCU는 사용자의 편의성을 증진한다는 점에서 CPU나 GPU 못지않게 비메모리 반도체 시장에서 중요한 한 축을 담당하고 있습니다.

사실 비메모리 반도체 중에서 오랜 역사를 지닌 반도체는 아날로그 반도체입니다. 아날로그 반도체의 의미를 인터넷에서 검색해보면 빛이나 압력 등 아날로그 신호를 디지털 신호로 전환하는 반도체라고 나와 있습니다. 좀 더 구체적으로 표현하면 전기 신호를 전환할 때 흘러가는 전류의 양이 특정한 값 이상으로 높은 제품을 아날로그 반도체라고 부릅니다.

아날로그 반도체는 워낙 다양해 제품별로 그 특징을 설명할 수밖에 없는데, 아날로그 반도체 중에 가장 많이 알려진 것은 지문 인식 반도체입니다. 지문은 생체 정보의 일종이므로 아날로그 신호입니다. 지문 인식 반도체는 지문 인식 칩, 지문 인식 센서, 지문 센서라는 다양한 이름으로 불립니다. 여기서 언급된 이름 중에 '칩'(Chip)이라는 단어는 반도체라는 단어와 같은 의미입니다. 센서는 엄밀하게 말하면, 반도체와 조금 다릅니다. 그러나 지문 인식 센서라는 단어는 일반적으로 지문 인식 반도체와 같은 의미로 사용되고 있습니다.

아날로그 반도체 기업 중에서 미국을 대표하는 기업은 TI 또는 TXN이라고 불리는 텍사스 인스트루먼트(Texas Instruments)입니다. 텍사스 인스트루먼트는 휴대용 계산기를 상용화한 기업입니다. 그래서 한국에서 텍사스 인스트루먼트의 이야기를 꺼내면 반도체 회사가 아니라 계산기 제조사로 기억하는 분들이 있습니다.

이처럼 비메모리 반도체 업종에서는 다양한 분야가 존재하지만 한국의 반도체 산업은 대체로 메모리 반도체를 중심으로 발전했습니다. 증시에 상장된 중소기업 중에서 비메모리 반도체 기업을 일부 발견할 수 있지만, 삼성전자와 SK하이닉스가 실적 기준이든 시가총액 기준이든 우리나라에서 차지하는 비중이 워낙 크기 때문에 시장에서의 존재감은 미약합니다. 수출 비율만 봐도 반도체 수출의 70%가 메모리 반도체입니다. 따라서 한국에서 반도체 강소기업을 찾아보면 비메모리 반도체보다는 메모리 반도체 관련 기업이 많습니다.

하지만 전 세계적으로는 비메모리 반도체의 비중은 70% 내외입니다. 따라서 해외 반도체 기업, 특히 미국이나 대만 반도체 기업에 관해 관심을 두고 있다면 비메모리 반도체 산업에 대해서도 꾸준히 공부하는 것이 필요합니다. 다만 비메모리 반도체가 워낙 다양하기 때문에 CPU, GPU, AP, 카메라 이미지 센서, 지문 인식 센서 등 다양한 제품을 개별적으로 접근해야 구체적으로 이해할 수 있습니다.

4

반도체 공정

반도체 공정을 공부하고 있습니다.
종목 선택에 얼마나 도움이 될까요?

반도체 관련주에 투자하기 위해 반도체 공정에 관심을 두고 공부하는 분들이 있습니다. 저는 반도체 애널리스트이지만 이공계 전공자가 아니다 보니 기본적인 반도체 제조 공정이나 용어를 이해하는 데 많은 시간이 걸렸습니다. 이공계 출신이라도 전자공학이나 신소재공학을 전공하지 않은 분이라면 혼자서 반도체 공정을 공부한다 하더라도 100% 이해하기란 쉽지 않습니다. 그렇지만 두려움을 가질 필요는 없습니다. 투자를 위해서는 몇 가지 핵심적인 사항만 알고 있어도 됩니다.

　반도체 애널리스트로 일하다 보면 다양한 투자자들을 만나게 됩니다. 간혹 처음 만난 자리에서 업종 소개 대신 반도체 제조 공정에 관해 이야기해 달라는 분들이 계십니다. 그런 분들을 만나면 일단 반가운 마음이 듭니다. 마치 제가 누군가에게 음식을 대접했는데, 너무 맛있다며 칭찬하는 것에만 그치지 않고 그 음식을 어떻게 만드는지에도 관심두는 분을 만났기 때문입니다. 이런 분들에게 반도체 공정을 설명하다 보면 제가 애널리스트로서 처음 경력을 시작했을 때를 되돌아보게 됩니다.

　저는 이공계 출신은 아닙니다. 그래서 반도체 관련 지식이 부족하다는 생각에 애널리스트가 된 이후 공정에 대해 따로 공부를 했습니다. 2020년 코로나가 발발하기 전에는 대면 방식으로 진행되는 반도체 기술 강좌가 많았습니다. 국제반도체장비재료협회에서 실시하는 반도체 공정 기술 교육에 참석하기도 했고, 해외 정보기술 전시회에 참석하여 공정 관련 세미나를 참관하기도 했습니다. 그중 기억에 남는 한 장면은 2016년 샌프란시스코에서 들었던 반도체 세미나입니다. 모든 세미나가 영어로 진행되었는데 처음부터 끝까지 무슨 말인지 하나도 알아들을 수가 없었습니다. 여긴 어디? 나는 누구? 라는 심정으로 답답한 마음을 가눌 수 없었습니다. 외국어 실력의 문제가 아니라 콘텐츠에 대한 이해 부족이라는 것을 절감하는 순간이었습니다.

한국에서 수강했던 반도체 공정 기술교육은 제가 애널리스트로 데뷔한 지 3년 차가 되던 해에 처음 듣게 되었습니다. 이때도 전체 강의 내용 중 1/3 정도는 이해하지 못했습니다. 특히 한국 반도체 서플라이 체인에서 국산화되지 않은 공정이나 관련 소재, 장비에 대한 내용은 거의 알아들을 수가 없었습니다. 그래도 나머지 2/3 정도는 어느 정도 이해할 수 있어 그간의 노력이 헛되진 않았구나 생각을 했습니다.

인터넷에서 반도체 공정에 대해 검색해보면 '반도체 8대 공정'이라는 표현이 가장 자주 등장합니다(이 책 맨 앞에서도 볼 수 있습니다). 저는 그중에서 국산화가 활발하게 진행 중인 소재, 부품, 장비 공정에 대해서는 자세히 공부할 필요가 있지만, 그렇지 않은 분야에 대해서는 굳이 몰라도 된다고 말씀드리고 싶습니다. 왜냐하면 한국 증시에서 관련 수혜주를 찾기도 어렵고, 투자 아이디어로도 연결되지 않아 반도체 공정에 관한 공부가 시간만 오래 끌고 특별한 결론 없이 끝날 수도 있기 때문입니다.

이제 반도체 공정에 대해 본격적으로(?) 이야기해보겠습니다. 반도체 공정 중에는 특정한 물질을 원하는 곳에 얇게 붙이는 증착(Deposition) 공정이란 게 있습니다. 저는 반도체 교육을 받는 중 증착 공정이 유달리 익숙했습니다. 그 이유는 한국의 반도체 상장 기업 중 증착 장비를 국산화해서 연간 수천억 원 이상의 대규모 매출을 기록하는 기업들이 다수 있고, 제가 그런 기업들을 여러 차례 방문해 봤기 때문입니다. 일종의 선행 학습 효과 덕분에 증착 공정 관련 내용을 상대적으로 쉽게 이해할 수 있었습니다. 지금은 반도체 회로를 형성하는 증착 공정에서 만들어지는 얇은 막의 이름만 들어도 전기가 잘 통하지 않는 절연막인지 아니면 전기가 잘 흐르는 전도성막인지 구분할 수 있습니다.

그런데 빛의 파장을 이용해 반도체 회로를 그리는 노광(Exposure) 공정은 유난히 이해하기가 힘들었습니다. 이 공정에 필요한 장비는 일본 또는 네덜란드에서 주로 만들어집니다. 국내에 공급사가 없다 보니 아무래도 상세하게 공부할 기회가 적었습니다. 한국에서 반도체 장비 기업의 탐방을 다니더라도 관련 정보를 얻지 못하니 배경 지식 측면에서 한계가 있을 수밖에 없었습니다. 마치 중동의 향토 음식으로 알려진 허머스(hummus)를 전혀 접해보지 못한 상태에서 병아리콩과 통깨를 갈아서 허머스를 만드는 과정에 관해 이야기를 듣는 것과 비슷했습니다. 실제로 유럽 출장을 갔다가 공항에서 허머스와 병아리콩이라는 단어를 처음 들었을 때 매우 낯선 느낌이 들었습니다.

이처럼 자주 접해보지 않은 반도체 공정용 소재, 부품, 장비는 아무리 반도체 애널리스트라 할지라도 단박에 이해하기가 어렵습니다. 그래서 처음 들어보는 공정이나 관련 소재, 부품, 장비가 있다면 인터넷 검색을 통해 여러 번 찾아보거나 관련 기사를 반복해서 읽으면서 익숙해지는 과정을 거쳐야 합니다. 그렇게 하다 보면 반도체 공정에 관한 공부가 처음에는 혼자서 아랍어나 라틴어를 공부하는 것처럼 불편했다가 점점 자가발전의 형태를 띠면서 자기 주도 학습으로 바뀌게 됩니다. 그런 정도로 마음이 편해지기 위해서는 결국 반복 학습이 중요합니다.

저의 경우 자주 들어보지 못한 공정이나 제품에 대해서 알게 되면 관련된 자료나 뉴스를 종이에 인쇄한 후, 마치 학교 다닐 때 노트 필기를 했던 것처럼 중요한 내용을 따로 공책에 옮겨 적어봅니다. 예를 들어 2021년에 미국의 아날로그 반도체 기업인 텍사스 인스트루먼트가 완성차에 적용되는 반도체 모듈을 공개했습니다. 주행 거리를 극대화할 수 있는 전기차용 전력 모듈이었습니다. 디일렉(thelec.kr)이라는 매체에서 언급한 뉴스를 참고하면 이 전력 모듈의 특징이 다음과 같이 언급되어 있습니다.

"전원 솔루션 부피를 최대 50%까지 줄여 전기차 파워트레인(동력을 바퀴로 전달하는 기계 장치의 총합)의 무게 및 크기를 감소시킬 수 있다." 무슨 말인가 싶습니다. 이렇게 새로운 내용이나 이해하기 어려운 제품을 접하게 되면 손글씨로 또박또박 옮겨 적어보고 다시 읽어 보기도 합니다. 마치 학창 시절 영어 단어장을 보고 여러 번 반복해서 써보는 것과 비슷합니다. 반도체 산업이나 특정 기업과 관련해서 유튜브 영상을 볼 때도 주의를 끄는 장면이 있으면 잠시 화면을 멈추고 자막이나 설명을 노트에 옮겨 적어봅니다. 이렇게 하면 훨씬 잘 이해도 되고 기억에도 오래 남습니다.

반도체 기업에서 일하고 있거나 이공계에서 전자공학이나 신소재공학을 전공하지 않은 이상, 누구든 진지하게 반도체 공정을 공부한다 하더라도 그 내용을 100% 이해하기란 쉽지가 않습니다. 이 책을 볼 독자(주식 투자자)라면 더더욱 100% 이해하지 못한다고 해도 두려움이나 아쉬움을 가질 필요는 없습니다. 실제 투자를 하는 데 있어서는 몇 가지 핵심적인 사항만 알고 있어도 충분합니다.

한국의 반도체 관련 중소기업 중 확산(Diffusion) 공정에 필요한 부품을 생산하는 기업이 있습니다. 그런데 무엇을 확산한다는 것일까요? 거실에 놓아둔 아로마 디퓨저를 생각하면 이해가 빠릅니다. SK그룹에서 운영하는 블로그에 보면 반도체 확산 공정이란 반도체 원판에 해당하는 웨이퍼에 특정 불순물을 주입하고 소자를 형성하기 위해 특정 영역을 만드는 것이라고 나와 있습니다. 일단 여기까지 읽고 나면 '웨이퍼'(Wafer)라는 단어와 '소자'(素子)라는 단어가 낯설게 다가옵니다. 블로그에 나와 있는 내용을 계속 참고해보면 확산 공정은 이온 주입과 어닐링(Annealing) 과정을 포함한다고 합니다. 이는 전기가 통하지 않는 부도체의 성질을 지닌 웨이퍼에 필요할 때만 전기가 통하도록 회로를 만드는 과정입니다.

제가 이렇게 몇 문장으로 정리했지만 웨이퍼를 실제로 본 적이 없거나 소자라는 단어를 평상시에 사용하지 않은 분이라면 위 단락을 한 번에 이해하기가 어려웠을 것입니다. 만약 제가 가족이나 친구들에게 위 단락을 이해시키고자 한다면 최소한 20분 동안은 반복적인 설명을 해야 했을 것입니다. 주식 투자자 입장에서는 확산 공정을 자세하게 이해하기보다는 확산 공정에 필요한 부품을 만드는 기업과 그 부품을 어느 고객사에 공급하는지 확인하는 것이 훨씬 더 중요합니다. 예를 들어 국내 반도체 기업 중 한 기업이 부품이나 소재를 메모리 반도체 기업뿐만 아니라 비메 모리 반도체 기업에도 제공한다면 그 기업의 가치는 높은 수준으로 인정받을 수 있습니다. 우리나라는 메모리 반도체 관련 기업이 많다 보니 비메모리 반도체 기업을 고객사로 두고 있는 업체라면 상대적으로 높은 관심과 주목을 받을 수밖에 없습니다.

이처럼 특정한 종목의 주가에 영향을 끼치는 다양한 요인을 이해하는 것이 공정을 이해하는 것보다 더 중요합니다. 어떤 식당에서 허머스를 팔고 그 식당에서 100m 떨어진 곳에 이와 비슷한 허머스 식당이 있다면, 주식 투자자의 관점에서는 허머스 요리의 과정을 아는 것보다 둘 중 어느 식당의 장사가 더 잘 되는지 아는 것이 중요합니다. 100m 떨어진 곳의 허머스 식당의 음식이 경쟁 식당 대비 맛이 별로 차별화되지 않더라도 사장님이 유독 친절하다거나 주차가 편하다는 이유로 또는 실내 장식이 멋있어서 그래서 셀카 사진이 보기 좋게 나온다는 이유로 장사가 더욱 잘 될 수도 있기 때문입니다.

결론적으로 말씀드리면 반도체 공정에 관한 공부가 중요하긴 하지만 국내 반도체 주식에 투자한다면, 국산화가 안 된 공정에 대해서는 굳이 꼼꼼하게 공부하지 않아도 된다는 것입니다. 앞에서 확산 공정을 예로 들었는데, 실제로 확산 공정에 필요한 소재·부품을 공급하는 한국 기업이 있습니다. 이 기업은 확산 공정에 필요한 소재·부품뿐만 아니라 식각(Etching) 공정에 필요한 소재·부품도 공급합니다. 식각 공정은 반도체 회로를 형성할 때 발생하는 불필요한 물질을 제거하는 공정입니다.

이 기업이 주식 시장에서 본격적으로 관심을 받게 된 계기는 본업에 해당하는 확산 공정용 소재·부품이 아니라 상대적으로 신규 사업에 해당하는 식각 공정용 소재·부품의 매출이 빠르게 늘어났을 때입니다. 이러한 배경에는 삼성전자를 비롯한 메모리 반도체 분야의 제조사들이 낸드 플래시 구조의 고단화를 추진하는 과정에서 식각 공정이 까다로워지고 더 많은 기업이 이 회사의 식각 공정용 장비나 소재·부품에 의존하게 되었기 때문입니다.

정리하면, 반도체 공정에 대해 잘 아는 것도 중요하지만 결과적으로 어느 식당(회사)의 영업이 잘 되는지 그리고 왜 그렇게 장사가 잘되는지를 파악하는 것이 더 중요합니다. 이러한 내용을 확인하는 것은 각 식당의 음식 만드는 방법(공정)을 아는 것보다 더 중요하다고 할 수 있습니다. 특정 기업의 주가가 상승하거나 반대로 하락하는 것을 여러 번 경험하게 되면 반도체 공정에 대한 지식보다는 개별 기업에 대한 지식을 더 넓히고자 하는 마음이 더 많이 생겨납니다.

5

국내 주요 기업

한국의 대표 반도체 기업, 삼성전자와
SK하이닉스는 어떤 차이가 있나요?

SK하이닉스는 메모리 반도체 기업입니다. 비메모리 반도체 사업도 영위하지만 실적과 주가에 미치는 영향은 제한적입니다. 삼성전자는 스마트폰을 비롯해 다양한 사업을 전개합니다. 따라서 순수한 반도체 기업은 아닙니다. 그렇지만 주식시장에서는 반도체 기업으로 인식되고 있습니다. 그래서 반도체가 아닌 다른 사업의 실적은 삼성전자의 주가에 큰 영향을 미치지 않는 편입니다. 최근 미 · 중 무역분쟁 이후로는 삼성전자의 비메모리 반도체 파운드리 사업이 주가에 미치는 영향력이 점점 커지고 있는 상황입니다.

삼성전자와 SK하이닉스의 가장 큰 차이는 삼성전자가 '순수한' 반도체 기업이 아니라는 것입니다. 여기서 '순수하다'라는 표현이 어색하게 들릴 수도 있겠습니다만 특정 사업에 집중하는 기업을 영어로 퓨어 플레이(Pure Play)라고 부릅니다. 그래서 '순수하다'라는 표현이 증시에서는 한 분야에만 집중하는 기업을 지칭하는 데 쓰입니다. 그런데 삼성전자를 두고 '퓨어'(pure)라는 용어를 사용하지는 않습니다. 반도체 이외에 휴대전화, TV 등 다른 완제품 사업을 영위하고 있으며 디스플레이 부품 사업도 같이 하고 있기 때문입니다. 반면 SK하이닉스는 삼성전자에 비해 '순수한' 반도체 기업이라고 부를 수 있습니다.

삼성전자의 홈페이지를 보면 '삼성전자는 첨단 기술과 혁신 제품, 창의적인 솔루션으로 전 세계에 영감을 주고 새로운 미래를 만들어가고 있다'라고 나와 있습니다. 이 설명만 보더라도 삼성전자는 반도체 사업만 하는 기업이 아니라는 것을 알 수 있습니다. 삼성전자의 실적에서 영업이익이 가장 크게 발생하는 분야는 반도체와 스마트폰 부문입니다. 둘 중에서는 반도체 부문의 실적 기여가 스마트폰보다 훨씬 더 큽니다. 2020년 연간 영업이익은 반도체 부문에서만 18조 8천억 원이 발생했습니다. 전사 기준 영업이익은 36조 원이었으니 반도체 부문이 회사 전체 영업이익의 절반가량을 차지한 셈입니다.

삼성전자의 반도체 사업은 다시 메모리와 비메모리 사업으로 구분할 수 있습니다. 그런데 영업이익의 대부분은 메모리 반도체에서 비롯됩니다. 비메모리 반도체에서 발생하는 영업이익은 제한적입니다. 2020년 기준으로 1~2조 원 사이로 추정됩니다(삼성전자의 전사 기준 영업이익 규모가 몇십조 원 수준이다 보니 연간 기준 몇천억 원 정도의 이익은 가볍게(?) 반올림하거나 무시하고, 이렇게 몇조 원 단위로 설명합니다).

인텔이나 TSMC와 같은 비메모리 반도체 기업의 실적을 살펴보면 삼성전자의 비메모리 반도체 실적이 더욱 낮설게 느껴질 수도 있습니다. 미국을 대표하는 비메모리 반도체 기업 인텔의 실적을 살펴보면 2020년 영업이익이 237억 달러입니다. 원화로 27조 원 정도에 해당합니다. 삼성전자의 비메모리 반도체 부문에서의 영업이익 규모가 연간 기준으로 1~2조 원이고 아직 3조 원을 웃돌기도 어렵다는 점을 고려하면 삼성전자가 왜 비메모리에서는 힘을 못 쓸까 하는 생각이 들기도 합니다. 이렇게 차이가 나는 이유는 인텔이 비메모리 주력 제품에서는 시장을 거의 독점하고 가격 결정권을 갖고 있기 때문입니다. 인텔은 컴퓨터용 CPU에서 시장을 거의 독점하고 있습니다. 경쟁사 AMD가 많이 쫓아왔다고는 하지만 그래도 아직은 인텔의 시장 점유율이 높습니다.

인텔과 삼성전자를 비교하는 것과 마찬가지로 주식 투자자들은 대만의 비메모리 반도체 기업인 TSMC와 삼성전자도 비교합니다. 그럼 TSMC의 연간 영업이익은 얼마나 될까요? TSMC는 대만 기업이지만 미국 증시에도 상장되어 있어 달러 기준 실적을 인터넷에서 금방 검색할 수 있습니다. 2020년 기준 영업이익은 202억 달러로 원화 기준으로 23조 원 정도가 됩니다. 같은 기간 삼성전자의 비메모리 반도체 부문의 영업이익이 1~2조 원이었으니, 비메모리 반도체 사업에 있어서는 삼성전자보다 훨씬 큰 영업이익을 창출하고 있다고 볼 수 있습니다.

아시다시피 TSMC는 비메모리 반도체의 위탁·제조 분야에서 시장 점유율 1위를 고수하고 있습니다. 그래서 위탁·제조 가격에 대한 결정권을 사실상 갖고 있다고 볼 수 있습니다. TSMC가 예전에 분기 실적을 발표할 때 "We are everyone's foundry"라고 스스로를 표현한 적이 있습니다. 이 말이 충분히 이해되는 게 TSMC의 고객사는 자그마치 500곳 이상으로 반도체 위탁·제조 분야에서 고객사 한 곳을 확보하려면 최소한 2년, 3년이 걸리는 걸 고려하면 엄청난 수의 고객을 이미 확보하고 있다는 것을 알 수 있습니다.

이렇게 TSMC와 삼성전자의 비메모리 반도체 실적이 제주도와 마라도 수준으로 차이가 난다면 굳이 마라도에 해당하는 삼성전자에 우리가 관심을 가질 필요는 없겠죠? 그런데 여기서부터 흥미로운 이야기가 시작됩니다. 최근 삼성전자가 TSMC와의 격차를 좁힐 수도 있겠다는 기대감이 생겨나면서 이러한 기대감이 삼성전자의 주가 상승을 촉진시켰습니다. 이 기대감 때문인지 2021년 1월 기준으로 삼성전자 주가는 96,800원까지 상승했습니다.

도대체 무슨 일이 있었던 걸까요? 정답은 미·중 무역 분쟁 때문입니다. 미·중 무역 갈등으로 인해 반도체 공급이 원활하지 않을 수 있다는 것을 경험한 반도체 고객사들은 반도체 공급사를 다변화하기 시작했습니다. 원래는 TSMC가 파운드리 선단(첨단) 공정에서 압도적인 점유율을 기록하고 있었는데 무역 분쟁과 코로나 발발을 계기로 더 많은 고객사가 삼성전자의 비메모리 파운드리 서비스를 이용하기 시작했습니다.

미·중 무역 분쟁이 시작되기 3년 전인 2016년 대만에서는 차이잉원 총통이 당선되면서 대만과 미국의 관계를 돈독하게 이끌었습니다. 이후 2020년에 TSMC는 미국 본토에 첨단 공정의 비메모리 반도체 생산 설비를 짓는다는 발표를 합니다. 이 뉴스가 발표되자마자 대만과 중국의 관계는 더욱 삐걱거리게 됩니다. 결과적으로 중국과 미국의 관계도 나빠졌습니다. 이런 일련의 변화가 일어나자 TSMC에 위탁·제조를 의뢰하고 있던 미국의 비메모리 반도체 기업들은 TSMC보다 정치적 관점에서 상대적으로 중립적 위치에 있는 삼성전자 쪽으로 주문을 늘리기 시작했습니다. 대표적인 기업이 퀄컴(Qualcomm)입니다. 퀄컴은 원래부터 삼성전자에 위탁·제조를 맡기고 있었지만 핵심 제품보다는 중저가 제품 위주였습니다. 그러다 2019년 미·중 갈등이 있은 후부터는 핵심 제품을 삼성전자의 파운드리 사업부에 맡기기 시작했습니다. 상황이 이렇다 보니 2020년 기준 삼성전자의 영업이익에서 비메모리 반도체가 차지하는 비중이 매우 낮았음에도 불구하고, 장기적으로 비메모리 반도체 사업에 대한 기대감이 커지면서 주가 상승을 이끌게 되었습니다.

파운드리 기업이 고객사의 주문을 대량으로 받아오려면 최소 3년 정도가 걸립니다. 특히 고객사의 특허나 회로 설계도를 공유하기까지는 더 오랜 시간이 걸립니다. 한마디로 서로 신뢰하지 않으면 관계가 형성되기 어렵습니다. 그런데 무역 분쟁이라는 이벤트 때문에 삼성전자가 비메모리 반도체의 위탁·제조 주문을 받는 속도가 빨라져 버린 것입니다. 정확하게 추정할 수는 없지만, 퀄컴의 핵심 제품이 삼성전자의 비메모리 파운드리 생산 설비를 통해 만들어지기까지는 2년 정도밖에 안 걸린 것 같습니다. 원래 3년 이상이 걸리던 기간을 2년으로 줄인 것은 엄청난 변화입니다. 이처럼 이름만 대면 알 만한 반도체 고객사로부터 주문을 받았다는 것은 마치 집 근처에 작은 미용실이 하나 있는데, 알고 보니 BTS의 멤버 뷔나 블랙핑크의 제니가 방문한 미용실이었다, 라는 것과 비슷합니다. 자고 일어났더니 유명해졌다는 것과 비슷한 후광 효과는 당연히 주가에도 큰 영향을 미칩니다.

지금까지 삼성전자의 반도체 사업 중 주가에 가장 크게 영향을 주고 있는 비메모리 반도체 파운드리 사업에 관해 살펴보았습니다. 그럼 나머지 사업부는 어떨까요? 안타깝게도 나머지 사업부의 실적은 아무리 예상보다 뛰어나다 하더라도 주가에 미치는 영향은 굉장히 제한적입니다. 봄이 짧아지고 여름이 금방 시작되어 삼성전자의 에어컨이 많이 팔리거나, MZ세대 사이에서

디자인이 빼어난 비스포크 냉장고가 인기 있다 하더라도 삼성전자 주가에는 거의 영향을 미치지 못합니다.

삼성전자의 임직원 수는 2021년 기준으로 11만 명이 넘습니다. 수많은 임직원이 삼성전자의 각 사업부와 여러 곳의 국외 법인에서 일하고 있습니다. 다양한 사업을 하고 있음에도 불구하고 삼성전자의 주가는 불과 한두 가지의 이슈 때문에 영향을 받아 움직입니다. 애널리스트로서 삼성전자에 대해 자료를 쓸 때는 이런 이슈 위주로 자료를 작성하게 됩니다. 그래서 가끔은 제가 평소에 관심을 기울이지 않는 사업부에서 일하고 있는 이름 모를 삼성전자의 임직원분들에게 죄송하다는 마음을 느낄 때도 있습니다.

삼성전자가 순수한 반도체 기업은 아니지만 반도체 사업의 성과가 주가에 큰 영향을 끼치고, 그것도 영업이익의 기여도가 가장 작은 비메모리 반도체 사업의 성과나 이벤트가 주가에 영향을 끼치다보니, 비메모리 반도체 사업이 삼성전자에 던지는 의미는 다소 양가적(兩價的)입니다.

그렇다면 메모리 반도체는 어떨까요? 삼성전자의 최대 실적을 올리는 메모리 반도체 사업 실적은 주가에 아무런 영향을 주지 않을까요? 메모리 반도체의 업황이 좋아서 실적이 좋아진다면 삼성전자의 주가가 오르기는 하지만 그 영향은 제한적입니다. 반도체 업종에 대한 투자 경험이 많은 분들이라면 이때는 오히려 삼성전자보다 메모리 반도체의 퓨어 플레이(Pure Play)에 해당하는 SK하이닉스의 주식을 선호합니다. 메모리 반도체 기업의 실적은 대부분 메모리 반도체 업황이 좋아질 때 발생하는데, 이때는 SK하이닉스의 실적이 삼성전자보다 더욱 빠르게 나아지기 때문입니다.

SK하이닉스 주가에 영향을 주는 경우의 수를 살펴보겠습니다. 메모리 반도체 사업 실적에 가장 크게 영향을 주는 변수 중에 제품 가격이 있습니다. 바로 DRAM 가격입니다. 이 DRAM 가격이 급등할 때 삼성전자와 SK하이닉스 중 하나만 사야 한다면 앞서도 얘기했던 것처럼 당연히 SK하이닉스를 사는 것이 맞습니다. DRAM 가격이 1% 올랐을 때 삼성전자보다 SK하이닉스의 실적이 더 빠르게 좋아지기 때문입니다.

SK하이닉스 실적에서 DRAM 사업이 기여하는 비중은 꽤 높습니다. 2021년 기준 SK하이닉스의 전체 매출 43조 원에서 DRAM 사업의 매출은 무려 30조 6천억 원을 차지합니다. 그래서 DRAM 가격이 상승하는 신호가 나타나면 주식 투자자의 입장에서는 삼성전자가 아니라 SK하이닉스가 정답입니다. 상황이 이렇다 보니 주식에 투자하는 분들은 DRAM 가격을 자주 확인하기 위해 애를 씁니다. DRAM 가격이 매일 공개되는 웹사이트

중에 디램익스체인지(dramexchange.com)가 있습니다. 대만의 시장 조사 기관에서 만든 웹사이트입니다. 평일 기준으로 하루에 세 번 DRAM 가격이 발표됩니다. SK하이닉스의 주식 투자에 관심이 있고 반도체 분야에 전문 지식을 갖춘 투자자라면 웹사이트에 올라오는 DRAM 가격 정보를 인내심 있게 확인할 필요가 있습니다. 하지만 실제로 하루에 한 번씩 확인하는 것이 쉽지는 않습니다.

반도체 애널리스트의 업무는 수많은 습관의 합집합으로 이루어져 있습니다. 매일 DRAM 가격을 확인하는 것, 열흘에 한 번씩 반도체 수출 데이터를 확인하는 것, 분기마다 마이크론의 실적을 확인하는 것 등 이 모든 것들이 합쳐져서 매일의 전망과 예측 등이 나오게 됩니다. 만일 이렇게 매일 하나씩 확인하는 것을 하나하나 습관으로 만들기에 어려운 환경이라면 다음과 같이 단순하게 기억해도 좋습니다. 반도체 업황이 좋다고 할 때 그것이 비메모리 반도체에 관한 것이라면 삼성전자의 주가에 좀 더 영향이 있을 것이고, 그렇지 않고 DRAM과 같은 메모리 반도체의 업황이 좋다면 SK하이닉스의 주가가 좀 더 빠르게 상승한다, 이 결론만 잘 기억해도 됩니다.

이번 꼭지를 끝내기 전에 덧붙이고 싶은 얘기가 하나 더 있습니다. 반도체 기업에 대해서 공부하면 초기에 알고 넘어갔던 내용이 나중에 자세히 들여다보면 뭔가 틀린 것 같은 느낌을 줄 때가 있습니다. 그래서 기존에 이해했던 내용을 다시 뒤집어보거나 곰곰이 다시 생각해보는 경우가 있습니다. 이는 삼성전자와 SK하이닉스뿐만 아니라 해외 반도체 기업을 대할 때도 마찬가지입니다. 예를 들어 앞서 TSMC와 인텔을 비메모리 반도체 진영의 대표주처럼 말씀을 드렸습니다만 100% 그렇다고 말할 수는 없습니다. 즉, 양사의 제품 포트폴리오 중에는 메모리 반도체도 존재합니다. TSMC는 임베디드 플래시(Embedded Flash)라는 메모리 반도체를 제조하고 있는데, 이 제품은 외장형이 아니라 내장형이라는 의미에서 '임베디드'라고 불리고 일반적인 메모리 반도체보다 독립성이 제한적입니다. 그리고 인텔도 메모리 반도체 제품을 생산하다 최근 SK하이닉스에게 해당 사업부를 매각했습니다. 그런데 옵테인(Optane)이라고 불리는 메모리 반도체 사업부만 제외하고 매각했습니다. 결론적으로 TSMC나 인텔을 100% 비메모리 반도체 기업이라고 부르면 곤란하며 알고 보면 이들도 메모리 반도체 제품을 일부 생산하고 있습니다. 다만, 양사의 실적이나 주가에는 메모리 반도체 사업 성과가 거의 영향을 끼치지 않습니다. 실적에서 차지하는 비중이 제한적이어서 주력 사업이라고 보기에는 어렵기 때문입니다.

좀 복잡하지요? 그래서 반도체 업종에 관해 공부를 시작하고 나서 이렇게 저렇게 뜯어보다 보면, 알면 알수록 흥미롭기도 하지만 한편으로는 지치기도 합니다. 독자분들이 더 지치기 전에 다음 주제로 넘어가도록 하겠습니다.

6

해외 주요 기업(1)

뉴스에 자주 등장하는
ASML, TSMC, 엔비디아에 대해
자세히 알려주세요.

반도체 관련 주식에 투자하는 분들에게는 해외 반도체 기업의 주식 투자도 추천합니다. 반도체 업종의 각 분야에서 높은 시장 점유율을 유지하는 기업들이 있기 때문입니다. 그중 ASML과 TSMC 두 기업만큼은 꼭 알아두어야 합니다. 한 곳은 반도체 노광 공정에 독점적 기술력을 가진 기업이고, 한 곳은 이미 앞서 여러 번 얘기한 대로 세계 최대의 파운드리 기업입니다. 그리고 추가로 엔비디아에 대해서도 좀 더 알아두면 좋습니다. 이들은 모두 자기 분야에서 독점에 가까운 지배력을 가진 기업들입니다.

저는 분기마다 미국 반도체 기업의 실적 발표 내용을 확인합니다. 가장 많이 참고하는 기업은 필라델피아 반도체 지수에 편입된 기업들입니다. 이 지수에는 30개의 종목이 편입되어 있습니다. 그 중 메모리 반도체 기업인 마이크론(Micron)이 분기 실적을 가장 먼저 발표합니다. 경쟁사인 SK하이닉스보다도 3~4주 먼저 실적을 발표합니다. 이는 분기 회계의 기준이 되는 달이 1개월 앞서 끝나기 때문입니다. SK하이닉스의 분기 회계 기준월은 1월에서 3월까지인데, 마이크론은 12월에서 2월까지입니다.

이렇게 마이크론의 실적 발표를 시작으로 엔비디아가 거의 마지막으로 실적을 발표하며 분기 실적 발표 기간은 마무리됩니다. 이를 두고 어닝 시즌(Earning Season)이 끝났다고 표현합니다. 요즘은 애널리스트들이 한국 반도체 기업뿐만 아니라 해외 반도체 기업의 분석 보고서도 쓰기 때문에 사실상 한국 기업 실적 발표가 끝난 이후에도 제일 마지막인 엔비디아의 실적이 발표되기 전까지는 계속해서 어닝 시즌이 이어지는 셈입니다.

미국 반도체 기업에 대해 처음 공부를 시작했을 때에는 기업마다 분기 결산 기준이 다르고 해를 넘겨 실적을 발표하는 기업도 있는 등 뭔가 딱 떨어지지 않는 듯한 느낌이 들어 무척 헷갈렸습니다. 그런데 지금은 분기 결산에서 발표하는 정보들이 주가를 판단하는데 그리 중요하지 않다고 생각해서 신경을 덜 쓰고 있습니다. 대신 분기 실적이 발표되면 지난 분기보다 실적은 잘 나왔는지, 다음 분기 실적 가이던스(예상치)도 잘 나왔는지, 오로지 그것에만 집중하려고 합니다.

여러 지표가 발표되는 데 그중 당연히 매출 관련 지표가 제일 중요합니다. 필라델피아 반도체 지수에 편입된 기업 중 중장기적으로 봤을 때 유망한 성장 기업 중 하나는 ASML이라고 불리는 반도체 노광 장비 기업입니다. 이 회사는 네덜란드 회사입니다. ASML이라는 기업명은 Advanced Semiconductor Material Lithography를 의미합니다. 한글로 기업명을 표기하면 좋겠지만, ASML의 한국 자회사 이름도 영어 발음 그대로 '에이에스엠엘코리아'로 되어 있습니다.

반도체 주식을 이해하기 위해 반도체 업종에 관해 공부하다 보면 이처럼 기업명을 비롯해서 신기술에 이르기까지 다양한 영어 단어를 접하게 됩니다. 일상생활에서 상식적으로 생각하는 의미와 다른 의미의 단어가 사용되는 경우도 많은데, ASML이라는 기업명의 'Advanced'가 반도체 기업 사이에서는 과거 기술보다 더욱 미세하다, 좁아졌다는 것을 의미합니다. 그리고 숫자가 작으면 작을수록 더욱 발전했다는 것을 뜻합니다. 그래서 7나노미터와 28나노미터에 대해 이야기를 할 때, 둘 중에서 숫자가 큰 28나노미터가 아니라 숫자가 작은 7 나노미터가 더 앞선, 미세한, 'Advanced'한 기술입니다. 그런데 영문 뉴스에서는 가끔 7나노미터를 28나노미터 대비 'higher than'이라고 표현합니다. 숫자 기준으로는 28에서 7로 줄어드는 것인데, 이를 더 높아진다(higher than)라고 표현한 기사를 읽고 있다 보면 뭔가 안 맞는 것 같은 느낌이 들 때도 있습니다(저만 그런 걸까요? ㅎㅎ).

ASML이 판매하고 있는 극자외선 노광 장비는 7나노미터 또는 5나노미터 수준의 반도체 회로 선폭을 형성할 때 꼭 필요한 장비입니다. 제가 처음 반도체 애널리스트로서 일하기 시작했던 시기에는 Advanced라고 하면 14나노미터를 의미했습니다.

지금은 5나노미터까지 온 상황입니다. 아마도 2023년부터는 Advanced의 의미가 3나노미터 또는 2나노미터까지 될 것 같습니다. Advanced의 의미는 반도체 기술 발전(미세화)에 따라 어떤 수치를 뜻하는지 그때그때 달라집니다.

ASML은 주식 투자로 치면 어떤 성향의 투자자에게 적합한 종목일까요? 저는 단기보다 장기 투자가 목적인 분들, 부모님이나 자녀 앞으로 반도체 주식을 사 놓고 나중을 위해 쟁여 놓고 싶다는 분들에게 ASML을 추천 드립니다. 왜냐면 ASML의 독점력이 장기간 유지될 것으로 예상되기 때문입니다. 그동안 반도체 노광 장비 시장에서 오랫동안 주도권을 가진 국가는 일본이었습니다. 광학 기술을 지닌 일본 기업들이 이 시장을 석권했습니다. 그러나 극자외선 노광 장비의 경우 ASML이 월등한 기술력을 보유하고 있어 한동안은 독점적 지위를 오래도록 누릴 것 같습니다. ASML은 극자외선 노광 장비에 들어가는 레이저 광원이나 각종 소재나 부품도 직접 만들거나 유럽의 강소기업들로부터 공급받고 있습니다. 그중 일부 기업은 ASML이 지분 투자를 한 기업도 있습니다. 가장 최근에는 세라믹 소재와 부품을 만드는 베를리너 글라스(Berliner Glas)라는 독일 기업을 인수하기도 했습니다. 이처럼 ASML은 핵심 소재나 부품이 내재화되어 있고 협력사와의 밸류 체인도 탄탄해 지금의 위상이 흔들릴 가능성은 거의 없어 보입니다.

ASML의 독점이 유지되고 ASML의 노광 장비가 있어야 하는 반도체 기업이 점점 늘어나다 보니 ASML의 주가와 관련된 지표 중 가장 극명하게 돋보이는 것은 PER(주가수익비율, Price to Earnings Ratio)라고 불리는 지표입니다. 증권가에서는 이 지표를 밸류에이션 지표 또는 상대가치 지표라고 부릅니다. 여기서는 PER의 의미를 자세히 설명해 드리기보다는 ASML의 PER 지표가 어떻게 바뀌었는지 말씀드리겠습니다. ASML이 극자외선 노광 장비를 연간 10대 이상으로 본격적으로 공급하기 전까지는 PER는 40배 정도였습니다. 그런데 극자외선 노광 장비의 공급량이 늘어나고 나서부터는 PER가 40배 중후반까지 올라갔습니다. 그러다 러시아-우크라이나 전쟁 발발 이후에는 2022년 4월 기준으로 32배까지 내려왔지만, 그래도 필라델피아 반도체 지수에 편입된 대형주 중에 PER가 32배라는 것은 여타 편입 종목 대비 매우 높은 수준입니다.

이렇게 PER를 나타내는 숫자가 다른 기업보다 높다는 것은 그만큼 주식 투자자들이 이 회사의 상대적 가치를 높게 인정한다는 의미입니다. 마치 집 앞의 여러 과일 가게 중 어떤 가게의 포도가 정말 맛있다는 소문이 나서 점점 더 비싸게 팔리는 것과 비슷합니다. 이는 다른 가게보다 다소 비싸지만 살 만한 가치가 있다고 다수의 구매자가 느껴야 가능한 일입니다. PER 값이 빠르게 올라갈 때는 주식 투자자들의 마음속에 이와 유사한 심리가 형성된다고 볼 수 있습니다.

이렇게 정리하고 보니 ASML 주가가 한없이 올라가기만 하고 하락할 일이 좀처럼 없는 것처럼 보입니다만, 조금이라도 싸게 매수하고 싶어 하는 분들을 위해 설명해 드리자면 ASML의 주가가 개별적으로 부정적인 이벤트가 생길 때 조정을 받아 하락하는 일이 있습니다. 바로 유럽 등지의 협력사로부터 노광 장비용 소재, 부품 공급의 차질이 생기는 경우입니다. 2020년 코로나가 발발한 직후에도 유럽 지역의 셧다운 때문에 이런 일이 있었습니다. 그리고 최근에는 러시아의 우크라이나 침공에 따른 유럽 경제의 불안감으로 주가가 상당히 하락했습니다. 따라서 굳이 ASML을 조금이라도 싸게 사고 싶다면 ASML에 관련된 기사를 열심히 검색해서 소재부품 산업의 공급사 동향을 찾아보는 것이 현명합니다.

필라델피아 반도체 지수에 편입된 반도체 기업 중 ASML에 이어 추천해 드리고 싶은 기업은 TSMC입니다. TSMC에 대해서는 앞에서도 여러 차례 말씀드렸습니다. 그만큼 많은 사람들로부터 주목을 받는 중요한 기업입니다. TSMC는 대만 기업이지만 ASML과 마찬가지로 미국 시장에도 상장되어 있습니다. TSMC

에 대해 주목해야 하는 이유는 전 세계 기업 중 시가총액 기준으로 20위권 안에 드는 기업이기 때문입니다. 그리고 TSMC는 5세대(5G) 또는 6세대(6G) 이동 통신 시대의 진정한 수혜주이기도 합니다.

TSMC의 주요 고객사는 애플이나 퀄컴입니다. 이 두 회사는 스마트폰은 물론이고 주변기기 즉, 가상현실 관련된 기기나 자율주행차 시장으로도 실적 '노출도'가 점점 기대되고 있는 기업입니다. 여기서 잠깐, 노출도라는 단어를 사용하니까 조금 이상하다고 느낄 수 있는데요. 특정 고객 사항 또는 특정 제품과 관련해 매출 비중이 높은 경우 증시에서는 이를 '노출'(Exposure)이라고 합니다. 그래서 특정 국가로의 매출 비중이 높은 경우에도 '노출도가 크다'라고 말합니다. 미·중 무역 분쟁이 격화될 때 중국 지역으로의 매출 비중이 높은 반도체 기업들이 주가 조정을 받았는데, 그럴 때 그런 기업을 중국으로의 '익스포저'(노출)가 높은 기업이라고 표현합니다. 마찬가지로 중국의 코로나 셧다운에 영향을 받는 기업들도 'China exposure'가 높은 기업이라고 합니다.

애플과 퀄컴은 TSMC의 주요 고객사인 만큼 애플의 아이폰이 잘 팔리거나 퀄컴이 설계한 반도체가 스마트폰에 많이 탑재되면 될수록 중간에서 반도체를 위탁·제조하는 TSMC의 실적은 잘 나올 수밖에 없습니다. 저는 4세대 이동 통신 시절부터 반도체 애널리스트로 일하기 시작했는데, 그때 애플과 퀄컴 그리고 TSMC의 매출 증가를 보면서 나중에 5세대 이동 통신 시대가 도래하면 TSMC의 실적이 더 빠르게 치고 나갈 것이라고 생각했습니다. 그래서 미·중 무역 분쟁 이후 5세대 스마트폰 판매가 임박해지자 TSMC에 대한 자료를 자주 작성했습니다. 실제로 5세대 이동 통신 시대가 오면서 TSMC의 주가가 레벨업이 되는 것을 보고 예상이 틀리지 않았다는 것을 알 수 있었습니다.

5세대 이동 통신이 도입되기 전까지만 해도 무역 분쟁의 영향으로 TSMC의 실적 변동성은 매우 컸습니다. 주가가 정체하거나 의미 있는 상승 곡선을 그리지 못할 때도 있었습니다. 이때는 자료를 쓰는 애널리스트 입장에서도 인내심을 시험받는 것 같아 조바심이 났습니다. 그렇게 어려운 마음을 품고 견디다 5G 시대가 되면서 마침내 실적은 개선이 되고 이후부터는 신나게 분석 자료를 쓸 수 있었습니다.

TSMC는 삼성전자와 많이 비교되는 회사입니다. 특히 비메모리 파운드리 사업에서 삼성전자와 TSMC의 격차가 줄어들지 말지는 전 세계 반도체 업종 종사자들이 관심을 두고 지켜보고 있는 사항입니다. 그러나 당분간은 TSMC의 우위가 점쳐집니다. 여러 가지 이유가 있겠지만 가장 중요한 이유는 설비투자에 대한 규모 차이 때문입니다. TSMC는 반도체 설비투자 규모에서 삼성전자를 훨씬 앞서가고 있습니다. 삼성전자가 TSMC를 따라잡으려면 여러 가지를 노력해야 하지만 그중에서도 가장 필요한 것은 TSMC만큼의 대규모 투자를 전개하는 것입니다. 특히 비메모리 반도체 후공정 기술에 대한 연구 개발과 투자가 필요합니다. 여기서 잠깐! 전공정과 후공정이란 말이 나왔는데, 반도체 웨이퍼에 회로를 인쇄하는 것이 전공정입니다. 이렇게 전공정을 마친 웨이퍼를 개별 칩 단위로 분리, 조립해 최종 제품인 반도체 칩으로 포장하고 성능과 신뢰성을 테스트하는 것이 후공정입니다.

TSMC의 연간 설비투자 규모는 2022년 기준으로 50조 원 이상입니다. 연간 설비투자의 10% 내외에 해당하는 금액이 반도체 후공정 투자에 할당되고 있습니다. 즉, 5조 원 내외의 금액이 반도체 후공정 투자에 집행되고 있습니다. TSMC의 연간 설비투자는 아마도 2023년에 더욱 커질 것으로 예상됩니다. 하지만 삼성전자의 비메모리 설비투자 규모는 아직 그만한 수준에 미치지 못하고 있습니다. 그래서 당분간은 비메모리 분야 파운드리 사업에 있어서만큼은 TSMC가 삼성보다 앞서 나갈 것 같습니다.

ASML과 TSMC에 이어 다른 반도체 기업 한 곳을 더 살펴보겠습니다. 바로 엔비디아(nVidia)입니다. 저는 운 좋게도 엔비디아의 시가총액이 지금에 비해 10분의 1 이하일 때부터 엔비디아의 기업 분석 자료를 작성하기 시작했습니다. 그러니까 제가 엔비디아를 관찰하기 시작한 이래로 시가총액 기준으로 10배 이상이나 성장한 셈입니다.

제가 엔비디아에 관해서 엄청난 혜안이 있어서 기업분석 자료를 쓰기 시작했다고 말하면 좋겠지만 실제로 그랬던 것은 아닙니다. 오히려 같이 일했던 후배 덕분에 엔비디아에 관해 관심을 가지게 되었습니다. 지금 그 후배는 다른 증권사에서 애널리스트로 일하고 있습니다. 제가 애널리스트로 데뷔를 마친 이후 함께 일하게 된 상황에서 엔비디아를 중요 기업으로 볼까 말까를 고민하고 있을 때 힌트를 준 친구입니다.

제가 그 후배와 같이 일할 당시에 한국의 주식 투자자들 사이에서 미국 반도체 기업에 대해 애널리스트 분석 자료를 요구하는 수요가 증가하기 시작했습니다. 저는 인텔과 당시 새롭게 떠오르는 엔비디아 중 어느 기업을 분석할지 고민했습니다. 그 후배는 적극적으로 엔비디아를 추천했습니다. 게임을 좋아하는 후배였는데 게임용으로 사용되는 그래픽 처리 반도체(GPU)에 대해 관심이 많았습니다. 그래서 후배의 제안을 받아들여 엔비디아에 대해 자료를 쓰게 되었고 자료를 쓰는 과정에서도 도움을 많이 받았습니다. (우스갯소리로 여의도에서 성공하는 비결 중 하나로 자신보다 나이 어린 사람의 말에 귀를 기울여라는 말이 있습니다.)

그 이후 지금까지도 저는 엔비디아와 관련된 보고서를 쓰고 있습니다. 2019년에는 미국 IT 전시회에 참석하기 위해 출장을 가게 되었는데, 운 좋게도 다른 증권사 애널리스트의 도움을 받아 엔비디아 CFO가 주최하는 그룹 미팅에 참석한 적이 있습니다. 그런데 그 자리에서 몹시 놀라운 경험을 했습니다. 한국에서 시가총액이 큰 반도체 기업에서 애널리스트 그룹 미팅을 진행하면 기업 측과 애널리스트의 질의응답이 대부분 숫자 위주로 전개됩니다. 예를 들어 "이번 분기의 반도체 출하 증가율은 얼마로 전망합니까?"라는 질문처럼 숫자를 요구하는 질문이 많고 역시 답변도 숫자인 경우가 많습니다. 이렇게 숫자로 이야기되는 것을 반도체 업종에서는 data point라고 부릅니다. 그런데 엔비디아 그룹 미팅에서는 data point에 대한 질의응답이 거의 없었습니다. 중장기적 방향성에 관한 정성적 표현 또는 최근 상황에 대한 언급이 대부분이었습니다. 숫자 위주의 가이던스와 구체적인 정답을 요구하는 한국식 미팅과는 다르다는 것을 느낄 수 있었습니다.

엔비디아의 향후 전망을 긍정적으로 보는 이유는 독점력 때문입니다. 엔비디아는 그래픽 처리 반도체에서 높은 점유율을 차지하고 있습니다. 아울러 무역 분쟁과 코로나 발발 이후 공급망의 병목 현상이 보편화된 상황에서 반도체 설계사와 위탁·제조사와의 협력 여부가 중요한데, 엔비디아는 TSMC 및 삼성전자와도 긴밀하게 협력하고 있습니다. TSMC와 삼성전자 입장에서는 엔비디아가 매우 중요한 고객사입니다. 특히 TSMC는 엔비디아의 반도체 전공정의 위탁·제조뿐만 아니라 후공정의 위탁·제조까지도 담당하고 있습니다.

엔비디아의 매출 구성에서 가장 드라마틱하게 바뀐 분야는 데이터센터용 제품 매출입니다. 제가 처음 엔비디아에 대해서 기업 분석 자료를 쓸 때는 엔비디아의 전방산업 중 데이터센터가 차지하는 매출은 10%에 불과했습니다. 그런데 2021년 말 기준으로 40% 내외 수준으로 늘어났습니다. 그 과정에서 엔비디아의 시가총액은 10배 이상 늘어났습니다.

장기적으로는 자율주행차용 반도체가 엔비디아의 매출에서 차지하는 비중이 점점 더 커질 것으로 예상됩니다. 현재는 자율주행차 관련 제품 매출 비중이 한 자릿수로 아직 5% 근처까지 올라가지 못했습니다. 나중에 매출 비중이 늘어나면 예전에 데이터센터 사업부의 매출 비중이 10%에서 40% 내외까지 늘어났을 때와 마찬가지로 엔비디아의 시가총액에 긍정적인 영향을 끼칠 수 있을 것으로 보고 있습니다. 한때는 엔비디아와 협력했지만 이제는 경쟁사라고 할 수 있는 테슬라가 자율주행용 인공지능 프로세서를 다른 완성차 기업에 공급하지 않는다면 기존 완성차 기업은 자율주행용 인공지능 프로세서를 직접 설계하기 어렵기 때문에 엔비디아에 더욱 의존하게 될 가능성이 높습니다.

지금까지 필라델피아 반도체 지수에 편입된 종목 중 ASML, TSMC, 엔비디아에 대해 설명해 드렸습니다. 그 외에도 중요한 기업들이 많이 있습니다. 필라델피아 반도체 지수에는 총 30개의 종목이 편입되어 있는데, 저는 그중 10개 종목(ASML, TSMC, 엔비디아, 마이크론, 텍사스 인스트루먼트, NXP, 인테그리스, 테라다인, 온세미컨덕터, 어플라이드 머티리얼즈)에 대해 꾸준히 분석 보고서를 썼습니다.

제가 애널리스트로서 장래가 유망하다고 판단하는 반도체 기업은 다음과 같은 공통적인 특징을 지니고 있습니다. 주력 제품이 판매되는 시장에서 독점력이 있거나 시장 지배적인 위치를 오랫동안 유지할 확률이 높은 기업입니다. 따라서 미국 기업이든 한국 기업이든, 주식 투자자의 관점에서 살펴볼 때는 그 기업의 시장 지배력이 있는지 그리고 유지가 가능한지 확인하는 것이 제일 중요합니다.

7

해외 주요 기업 (2)

우리나라가 잘하고 있는
메모리 분야의 해외 주요 기업은
어디인가요?

메모리 반도체 분야에서 살펴볼 만한 해외 주요 기업은 미국의 마이크론과 웨스턴 디지털(Western Digital)입니다. 글로벌 시장의 비메모리 반도체 분야와 달리 메모리 반도체 분야에서 살펴볼 만한 기업은 상대적으로 한정적입니다. 삼성전자와 SK하이닉스의 시장 점유율이 워낙 높기 때문입니다. 따라서 메모리 반도체 분야에 대해 공부하려면 삼성전자와 SK하이닉스를 비롯해서 한국의 반도체 기업에 대해 공부하는 것이 더 낫습니다.

삼성전자와 SK하이닉스를 중심으로 하는 한국 반도체 업종과 미국 또는 대만의 반도체 업종의 가장 큰 차이는 우리나라 기업의 메모리 분야 사업 비중이 비메모리 분야보다 훨씬 크다는 점입니다. 과거에는 미국의 인텔도 SK하이닉스처럼 메모리 반도체 사업을 영위했습니다. 그러나 1984년 이후에 DRAM 사업을 접고, 2020년에는 낸드 플래시 사업까지도 SK하이닉스에 매각하기로 하며 메모리 반도체 사업을 축소했습니다. 그렇다고 해서 인텔이 메모리 반도체 사업을 완전히 접은 것은 아닙니다. 3D 크로스포인트라는 메모리 반도체 사업을 아직 영위하고 있습니다. 그러나 매출 비중은 매우 미미합니다.

이처럼 인텔은 비메모리 반도체, 메모리 반도체 사업 둘 다를 전개하다 현재는 메모리 비중을 축소하고 비메모리를 주력으로 사업을 전개하고 있습니다. 따라서 인텔도 거의 100% 비메모리 반도체 기업이나 마찬가지입니다. 인텔뿐만 아니라 엔비디아나 AMD도 모두 비메모리 반도체 기업입니다. 그렇다면 메모리 반도체 사업만 하는 SK하이닉스와 비교해 주목할 만한 기업은 아예 없는 걸까요? 아닙니다. 있습니다. 바로 미국의 마이크론(Micron)을 살펴보면 됩니다. 마이크론은 SK하이닉스처럼 DRAM과 낸드 플래시를 만들고 있습니다.

개인투자자들이 증시에 대거 유입된 이후 한국 증시에서도 마이크론에 대한 관심이 많이 높아졌습니다. 관심을 받는 이유는 여러 가지가 있겠지만 실적 발표가 가장 빨라 시장 주목을 맨 먼저 받는다는 점도 빼놓을 수 없습니다. 마이크론의 실적 발표 이후 일주일 정도가 지나면 삼성전자가 잠정 실적을 공시 형태로 발표합니다. 그러나 반도체 사업 실적이 정확하게 공개되지는 않습니다. 잠정 실적이 공시된 이후 3주 정도 지나면 실적 콘퍼런스콜을 통해 반도체 부문의 매출과 영업이익을 정확하게 확인할 수 있습니다. 그래서 삼성전자의 잠정 실적 공시 직후 발간되는 애널리스트의 분석 자료를 자세히 살펴보면 '반도체 사업의 영업이익 추정치'라는 표현이 나옵니다. 분기 보고서가 발간되기 전이므로 확정치라는 표현을 쓸 수 없고 추정치라고 표현합니다. 이렇게 단계적으로 발표되는 실적을 확인하면서 마이크론과 삼성전자 반도체 부문을 비교할 수 있습니다.

맨 앞의 마이크론 실적 발표 내용을 보게 되면 뒤이어 SK하이닉스나 삼성전자 반도체 사업부의 실적이 어떻게 될지 어느 정도 짐작이 갑니다. 실제로 이들 기업의 주가도 거의 비슷하게 움직입니다. 주가가 비슷하게 움직일 때 상관관계가 높다고 표현합니다. 세 기업 중에서는 마이크론과 SK하이닉스의 상관관계가 매우 높습니다. 메모리 반도체 공급사의 실적이 적자와 흑자 사이를 오락가락하다가 흑자로 전환된 이후의 시기부터 SK하이닉스와 마이크론의 주가를 그래프로 그려보면 상관관계는 0.9 이상으로 높게 나옵니다. 이 값이 1.0에 가까울수록 거의 비슷하게 움직인다는 것을 의미합니다. (제가 그동안 계산해본 상관관계 중 마이크론 주가와 SK하이닉스 주가의 상관관계가 가장 높았던 것으로 기억합니다.)

마이크론은 미국의 반도체 회사임에도 불구하고 대부분의 생산 라인을 아시아 지역(대만, 일본, 싱가포르)에 두고 있습니다. 아시아에서 현지 투자와 인수·합병을 적극적으로 전개했기 때문입니다. 일본에서 DRAM을 제조 공급하던 엘피다(Elpida)가 2012년에 파산을 선언했을 때, 마이크론은 엘피다를 인수했습니다. 그리고 2016년 말에 트럼프 대통령이 당선되기 직전 마이크론은 대만에서도 지분 확대를 추진했습니다. 기존에 지분을 일부 보유하고 있던 대만의 조인트 벤처 회사를 100% 자회사로 흡수하기로 결정한 것입니다. 트럼프 대통령이 당선되고 나서 미·중 무역분쟁이 격화되면 대만과 중국의 정치적 관계가 나빠질 것이 뻔하고, 그럴 경우 대만에 현지 투자한 입장에서 기업 관리가 어려워질 것을 예상하고 선제적 조치를 취한 것으로 보였습니다. 실제로 2018년 하반기부터 미·중 무역분쟁이 격화되었습니다.

이처럼 마이크론은 미국에서 트럼프 대통령이 당선되기 전, 그리고 대만에서 차이잉원 총통(친미 성향으로 중국과 대립각을 세우고, 대만 독립을 주장)이 당선되기 전부터 대만 현지에서 발 빠른 행보를 전개했습니다. 이렇게 다이내믹한 과정을 거친 이후 마이크론의 생산 라인은 싱가포르, 일본, 대만에서 각각 자리를 잡았습니다. 미국 기업인만큼 미국에도 연구개발센터와 소규모의 생산 라인을 보유하고 있지만 아시아의 생산 라인에 비하면 매우 적은 규모입니다. 반면 아시아에서의 증설은 계속해서 이어 나가고 있습니다. 2022년에는 싱가포르에 낸드 플래시 생산 설비 증설을 적극적으로 추진하고 있습니다.

마이크론 외에도 메모리 반도체 공급사가 미국에 하나 더 있습니다. 바로 웨스턴 디지털(Western Digital)이라는 기업입니다. 웨스턴 디지털은 DRAM을 생산하지 않고 낸드 플래시 사업과 하드 디스크 드라이브 사업을 영위합니다. 그런데 웨스턴 디지털은 필라델피아 반도체 지수에 포함되어 있지 않습니다. 반도체 사업이 매출의 절반을 차지하지만 나머지 절반은 반도체에 해당하지 않기 때문입니다. 웨스턴 디지털의 주요 제품 중 하나인 하드 디스크 드라이브는 반도체로 만들어진 저장장치가 아니라 자기 디스크로 이루어진 저장 장치입니다. 웨스턴 디지털이 필라델피아 반도체 지수의 편입 종목이 아니다 보니 한국 투자자들은 마이크론에 비해 웨스턴 디지털에 대해서는 상대적으로 무관심한 편입니다.

실제로 지점 설명회나 기관투자자 설명회를 진행해보면 마이크론에 관한 질문은 많지만 웨스턴 디지털에 관한 질문은 거의 없습니다. 그러나 저는 반도체 애널리스트로서 웨스턴 디지털에 대한 기업 분석 자료를 작성해왔기 때문에 어쩌다 설명회를 통해 만난 투자자분이 웨스턴 디지털에 관해 질문을 해주면 뛸 듯이 기쁩니다. "발간했던 자료를 읽어 주셔서 고맙습니다"라는 말이 저절로 튀어나올 정도입니다.

필라델피아 반도체 지수에는 마이크론을 비롯해 총 30개의 종목이 편입되어 있는데, 그중 순수하게 메모리 반도체 공급사라고 부를 만한 기업은 사실상 마이크론뿐입니다. 앞서 말씀드렸던 것처럼 웨스턴 디지털이 필라델피아 반도체 지수에는 포함되어 있지 않기 때문에 마이크론 혼자서 외롭게 메모리 반도체 진영을 지키는 섬처럼 느껴집니다.

필라델피아 반도체 지수에서 시총 대형주로 꼽히는 엔비디아, TSMC, 인텔, ASML 등은 비메모리 반도체와 관련된 제품의 매출 비중이 압도적으로 높거나 대부분을 차지합니다. 반도체 장비 공급사인 ASML의 매출 비중에서도 메모리 반도체 장비의 비중은 20~30%로 낮은 편입니다. 반면에 비메모리 반도체 장비의 매출 비중은 이보다 훨씬 높은 70~80% 수준입니다. 상황이 이렇다 보니 필라델피아 반도체 지수는 사실상 비메모리 반도체 업종 지수라 불러도 무방할 정도입니다. 최근에 미국 반도체 기업에 대해 한국 투자자들의 관심이 늘어나자 몇몇 자산운용사에서는 비메모리 반도체 관련주에 투자하는 공모형 펀드(ETF 포함)를 출시했습니다. 그중 일부 상품은 필라델피아 반도체 지수의 편입 종목을 거의 그대로 추종하고 있습니다. 시중은행이나 증권사의 모바일 앱에서 '필라델피아 반도체 펀드'라고 검색하면 쉽게 찾아볼 수 있습니다.

여기까지 짚어보면 한국은 메모리 반도체 위주, 미국은 마이크론을 제외하고 비메모리 반도체 위주라고 결론을 내릴 수 있을 것 같습니다. 이는 한국과 대만의 반도체 업종을 비교해볼 때도 마찬가지입니다. 대만의 반도체 기업 중에 시가총액이 높은

TSMC, 미디어텍(MediaTek), ASE 테크놀로지 홀딩(ASE Technology Holding) 등도 모두 비메모리 반도체 사업을 주력으로 전개합니다. 이들 기업은 서로 협력 관계로 묶여 있습니다. 예를 들어 미디어텍은 스마트폰 신제품에 탑재될 반도체를 설계합니다. 미디어텍이 설계한 반도체는 TSMC에서 양산합니다. 이렇게 생산할 때는 전공정과 후공정의 단계를 거치는데, TSMC가 전공정을 담당하고 TSMC의 파트너사가 후공정을 담당합니다. ASE 테크놀로지 홀딩도 그런 후공정 서비스 공급사 중 하나입니다. 이런 식으로 비메모리 반도체 업종 내에서 서로 협력 관계가 긴밀하게 이어지고 있습니다.

대만 반도체 기업 중에서도 삼성전자나 SK하이닉스처럼 메모리 반도체를 만드는 기업이 있지만 매출 규모나 시가총액은 삼성전자나 SK하이닉스에 비해 무척 제한적입니다. DRAM의 업황이 나빴을 때 여러 기업에서 구조 조정이 전개되기도 했고 일부 생산 설비는 미국의 마이크론에 매각되거나 연결 자회사로 편입되기도 했습니다. 어려운 상황에서 설비투자를 늦추다 보니 대만의 메모리 반도체 공급사는 삼성전자 및 SK하이닉스와 비교해봤을 때 기술 격차가 크다고밖에 말할 수 없습니다.

대만에서 메모리 반도체 업종을 대표하는 기업 중에 난야 테크놀로지(Nanya Technology)라는 곳이 있습니다. 난야 테크놀로지의 생산 능력을 SK하이닉스와 비교해보면 회사 규모를 어느 정도 예측해볼 수 있습니다. SK하이닉스의 월간 DRAM 메모리 반도체 생산 능력은 웨이퍼 기준 38만 장 정도이고, 난야 테크놀로지는 7만 장 정도입니다. 이처럼 양사를 비교해보면 SK하이닉스의 DRAM 생산 능력이 웨이퍼 기준으로 다섯 배 이상임을 알 수 있습니다. 보통 웨이퍼 기준으로 생산 능력을 비교하는 이유는 웨이퍼를 잘라서 만드는 개별 반도체의 크기가 각각 다르므로 애초에 자르기 전의 원판 기준으로 비교하는 것이 보다 정확하기 때문입니다.

반도체의 원판에 해당하는 웨이퍼는 피자 반죽처럼 동글납작하게 생겼습니다. 반도체 제조사 간의 생산 능력을 비교할 때 보통 1만 장 또는 10만 장과 같은 만 단위를 사용하는데, 1개월 동안 피자 몇 판을 만들 수 있는지 비교하는 것과 유사합니다. 따라서 DRAM 생산 능력 규모를 개별 피자 조각(개별 반도체)이 아니라 피자 반죽(웨이퍼) 기준으로 비교하면 SK하이닉스가 난야 테크놀로지에 비해 다섯 배 이상의 생산 규모를 갖고 있다는 것을 알 수 있습니다. 참고로 삼성전자의 DRAM 생산 능력은 이보다도 훨씬 더 큽니다. 이미 월 60만 장을 넘겼습니다.

결론적으로 말씀드려 대만에서도 메모리 반도체 기업이 있지만 실질적인 생산 규모를 고려하면 메모리 반도체 시장에 끼치는 영향력 측면에서 삼성전자나 SK하이닉스보다는 훨씬 제한적인 수준입니다. 따라서 미국과 대만 그리고 한국의 반도체 업종을 비교했을 때, 대만과 미국은 한국보다 비메모리 반도체 비중이 훨씬 높은 국가라고 생각하면 좋을 것 같습니다.

8

뉴스 읽기(1)

미·중은 왜 반도체로
무역 전쟁을 하나요?

1차, 2차 세계 대전 이후 대규모 물리적 전쟁의 효용은 많이 낮아졌습니다. 실제로 이번 우크라이나-러시아 사태만 봐도 경제 제재라는 걸 통해서 또 다른 전쟁을 벌이고 있다고 봐야 할 정도입니다. 이런 상황에서 반도체는 무역 전쟁 나아가 경제 전쟁의 주요 화두로 등장했습니다. 반도체 산업을 무기로 다른 나라를 공격하는 이유는 무엇보다 기술 우위를 바탕으로 자국에게 유리한 정치적 입지를 다지기 위함입니다. 반도체는 단순히 경제적으로 더 좋은 제품을 만드는 데 필요한 것을 뛰어넘어 한 나라의 안위를 결정하는 데 있어서도 중요한 물건입니다.

학교 수업이나 책을 통해 데이비드 리카도의 비교 우위론과 자유 무역에 대해 접해본 독자분들이라면 수년간 지속되는 반도체 업종에서의 미·중 무역 분쟁이 이상하게 보일 수도 있습니다. 트럼프 대통령 당선을 계기로 격화된 무역 분쟁은 대통령이 바이든으로 바뀌고 나서도 현재 진행형처럼 유지 중입니다. 아마도 반도체가 미국과 중국 사이에 전략 물자로서 자리 잡고 있지 않았다면 무역 분쟁은 마치 중세나 근대의 패권 전쟁처럼 보였을지도 모르겠습니다.

반도체 업종에서 무역 분쟁이 전개되는 이유는 분쟁을 통해 상대 국가의 반도체 기술 발전, 더 나아가 경제 성장의 속도를 늦추거나 가로막을 수 있기 때문입니다. 이는 결국 반도체 기술을 선도하는 국가가 후발 국가를 견제하는 것과도 같습니다.

21세기의 반도체 산업은 일종의 방위산업처럼 인식되고 있습니다. 2020년 초, 코로나가 발발하고 많은 한국 기업들이 대 중국 수출에 어려움을 겪었습니다. 그러나 반도체 관련 장비나 완제품을 수출하는 기업의 경우 중국 당국의 협조를 받아 제품을 이송하는 데 큰 어려움이 없었다고 합니다. 반도체가 중요한 전략 물자처럼 인식되고 있기 때문에 중국도 이를 소홀히 할 수 없었습니다. 이렇게 반도체 기업이 귀하신 몸이 되어 특혜에 가까운 대우를 받는다는 이야기는 다른 나라에서도 마찬가지입니다. 미국에 생산 설비를 보유한 한국 반도체 중소기업의 이야기를 들어 보면 2020년 3월 코로나로 인한 셧다운 기간에 미국 기업들이 생산라인을 멈추고 있었을 때, 자신들은 별다른 영향 없이 공장을 정상적으로 가동했다고 합니다. 미국 항공우주국에 부품을 공급한다는 것 때문에 특별 대우를 받았다고 합니다.

이렇게 한층 위상이 높아진 반도체 업종의 역사를 돌아보면 기술을 선도하는 국가는 사실상 미국입니다. 반도체가 처음 만들어진 곳, 반도체가 처음 집적화된 곳은 미국입니다. 만약 미국의 반도체 기업들이 자국 내에 제조 시설을 두고서 대규모의 매출을 계속해서 기록했다면 반도체 업종을 둘러싼 무역 분쟁은 지금처럼 심각한 수준으로 일어나지 않았을 것입니다. 그러나 중국이 반도체 제조에서 점점 중요한 역할을 담당하면서, 미국 기업이 중국 현지화를 통해 큰돈을 벌어들이기 시작하자 결국 두 나라 사이에 무역 분쟁이 촉발됩니다. 시장의 파이가 너무 커졌기 때문에 무역 분쟁이 일어났다고도 볼 수 있습니다.

반도체 업종에서 중국이 위상을 키워온 것은 미국에서 발표하는 반도체 산업 데이터를 통해서도 금방 확인할 수 있습니다. 미국 반도체 산업 협회(SIA, Semiconductor Industry Association)에서 매월 대륙별 반도체 기업의 합산 매출을 발표합니다. 지역별 분류 기준은 Americas, Europe, Japan, Asia Pacific, China 등입니다. 처음에는 중국 반도체 기업의 합산 매출이 아시아(Asia Pacific) 지역에 포함되면서 눈에 띄지 않다가 2015년 초부터는 별도로 발표되기 시작했습니다. 이렇게 어떤 특정 지역의 데이터가 별도로 발표되기 시작했다는 것은 해당 시장의 규모가 무시할 수 없을 정도로 커졌다는 것을 의미합니다.

미국 반도체 산업 협회의 월별 데이터는 2개월 정도가 지나고 나서 발표가 됩니다. 2022년 4월 기준으로 가장 최근에 발표된 2022년 2월 데이터에 따르면 미국 반도체 기업의 합산 매출은 월별로 100억 달러를 겨우 넘었지만, 중국 반도체 기업의 합산 매출은 월별로 150억 달러를 넘나드는 수준입니다. 이렇게 된 데에는 반도체 제조 시설이 중국의 시안(西安), 우시(無錫), 우한(武漢), 다롄(大連) 등으로 옮겨왔기 때문입니다. 한국의 삼성전자와 SK하이닉스도 중국 현지에 반도체 생산 설비를 보유하고 있습니다. 미국의 반도체 기업은 특정 디바이스를 제조하는 시설이나 마무리 공정에 해당하는 후공정 생산 설비를 중국에서 운영하고 있습니다. 예를 들어 미국에서 화합물 반도체 공급사로 잘 알려져 있는 울프스피드(Wolfspeed)라는 기업은 중국 현지에 후공정 생산 설비를 보유하고 있습니다. 뿐만 아니라 NXP와 같은 유럽의 반도체 기업도 중국 현지에 후공정 생산 설비를 보유하고 있습니다.

이처럼 반도체 제조 시절이 중국으로 몰린 데에는 인건비 등의 비용 절감이 가장 큰 목적입니다. 또한 고객사와 지리적으로도 가깝기 때문입니다. 중국은 반도체 공급 측면에서 생산 기지로서의 역할을 톡톡히 하고 있을 뿐만 아니라 수요 측면에서도 중요한 시장입니다. 중국 내에서 반도체 수요가 폭발적으로 성장한 계기 중 하나는 4세대 이동 통신 스마트폰의 보급입니다. 2014년 초부터 중국의 이동 통신사 차이나 모바일이 4세대 이동 통신 서비스 가입자를 집계해서 발표하기 시작한 것을 살펴보면

이 시기부터 4세대 이동 통신 스마트폰이 본격적으로 보급되었다고 볼 수 있습니다. 애플이 4세대 이동 통신이 적용되는 아이폰을 판매하기 시작한 시기도 2014년부터입니다.

중국에서 4세대 이동 통신 스마트폰이 판매되기 시작하면서 애플뿐만 아니라 미국의 테크 기업들도 중국에서 돈을 많이 벌었습니다. 스마트폰을 구성하는 데 필요한 각종 반도체, 커버글래스 등 핵심 부품을 공급했기 때문입니다. 이는 스타벅스나 디즈니가 중국에서 사업을 확장하며 수혜를 입은 것과 유사합니다. 중국의 내수 기반이 워낙 튼튼하므로 미국 못지않은 거대 시장이 만들어졌습니다.

하지만 시장이 크다고 해서 미국의 테크 기업이 항상 중국에서 빛을 본 것은 아닙니다. 예를 들어 글로벌 PC 시장에서 점유율 1, 2위를 기록 중인 HP는 중국에 적극적으로 진출해 PC와 프린터를 판매하려고 했으나 크게 성공을 거두지 못했습니다. 일단 PC 보급률이 미국만큼 높지 않았고, PC를 적극적으로 활용하려면 유선 인터넷이 방방곡곡에 폭넓게 지원되어야 하는데 중국이 워낙 넓고 지역별로 경제 발전 격차가 커서 그렇지 못한 상황이었고, 스마트폰을 이용하는 소비자들은 프린터를 이용해 인쇄물을 읽기보다는 스마트폰으로 문서 내용을 직접 확인하는 것을 선호했기 때문입니다.

이처럼 중국 시장에서 미국 테크 기업이 성공과 실패를 경험하는 동안 미국과 중국은 경제적인 측면에서 공생관계처럼 잘 지내왔습니다. 지금 기준으로는 옛날이야기처럼 느껴질 수도 있지만 트럼프 대통령이 당선되기 전까지는 미국의 반도체 기업 마이크론이 중국 내에서 중국 기업과의 협력을 적극적으로 모색하기도 했습니다. 그런 움직임이 가시적일 때는 실적 발표 콘퍼런스콜에서 애널리스트들이 마이크론의 중국 현지 전략에 관해 묻기도 했습니다.

그러다 미·중 무역분쟁의 전초전이라고 할 만한 사건이 발생합니다. 전초전의 주인공은 바로 미국의 반도체 기업 퀄컴입니다. 퀄컴은 휴대폰 중심으로 응용처가 한정된 사업을 다변화하기 위해 네덜란드의 자동차 반도체 공급사인 NXP를 440억 달러에 인수·합병하려고 했습니다. 이렇게 다국적 기업이 인수·합병을 전개할 때는 인수·합병의 대상이 되는 기업 제품을 주로 이용하는 국가로부터 승인을 받아야 합니다. 이는 인수·합병에 성공한 기업이 자신들의 시장 점유율 향상을 계기로 어떤 영향력을 행사하게 되면 그동안 해당 제품을 문제없이 이용하던 국가의 소비자가 피해를 입을 수 있다고 보기 때문입니다. 따라서 인수·합병에 따라 영향을 받을 가능성이 있는 국가의 규제당국으로부터 승인 절차를 밟아야 합니다. 자금 조달 여력이 풍부하다고 해서, 당사자들끼리 원한다고 해서 마음대로 인수·합병을 할 수 있는 것은 아닙니다.

퀄컴의 경우 NXP를 인수하려고 했으나 중국으로부터 최종 승인을 받지 못해 결국 20억 달러의 해약 수수료를 지불하게 됩니다. 이는 2018년 7월에 발생했던 사건입니다. 그런데 그보다 3년 전 2015년 퀄컴은 중국으로부터 9억 7천5백만 달러의 벌금을 부과받은 일이 있습니다. 반독점법을 위반했다는 이유였습니다. 중국의 스마트폰 시장이 커짐에 따라 스마트폰마다 반도체를 탑재해 크게 수익을 창출하던 퀄컴을 견제하기 위한 중국의 조치였다는 것이 당시의 평가입니다. 이 같은 조치는 미국 내 반중 정서를 자극했고, 결과적으로 트럼프가 대통령으로 당선되면서 무역 전쟁으로 비화되는 계기를 마련하게 됩니다.

결국, 중국의 퀄컴 견제에 맞불을 놓듯 미국도 통신장비 공급사인 중국의 화웨이(Huawei)를 압박합니다. 2019년 5월부터 안보상의 이유로 미국 내 기업들이 화웨이에 부품을 공급할 때 허가를 받도록 의무화하는 규제를 시행했고, 2020년 5월부터는 미국 장비를 사용해 부품을 생산한 외국 기업에도 화웨이에 부품을 공급할 때 미국 정부의 허가를 받도록 했습니다.

중국의 화웨이와 미국의 퀄컴은 공통점을 지니고 있습니다. 화웨이도 퀄컴처럼 스마트폰용 반도체를 설계하는 능력을 갖추고 있는 회사입니다. 화웨이의 자회사인 하이실리콘(HiSilicon)이라는 기업은 반도체를 설계하는 사업을 영위하고 있습니다. 그래서 화웨이와 퀄컴은 스마트폰이 잘 팔릴수록 모바일 기기용 반도체를 많이 팔 수 있기 때문에 돈을 많이 벌 수밖에 없고 이는 결과적으로 상대국으로부터 끊임없는 규제와 감시를 받는 결과를 만들었습니다.

2018년 하반기부터 본격화된 미·중 무역분쟁의 양상은 2020년 코로나의 발발과 함께 조금 다른 방향으로 바뀌기 시작했습니다. 2020년 1월 코로나가 발생하면서 전 세계적으로 반도체 생산이 중단되거나 이미 생산해 놓은 반도체를 이송하지 못하는 물류 대란이 일어나게 됩니다. 이때 마이크론은 중국 지방 정부의 권고에 따라 춘제(春節, 중국의 설) 기간 동안 시안(西安)에 있는 반도체 생산 설비의 가동을 중단시킵니다(중국이 대만과 관계가 좋은 기업을 견제한 것처럼 보입니다).

이처럼 중국과 대만의 정치적 갈등이 부각되면서 대만과 동맹 관계에 있는 미국이 중국을 대신 압박하기 시작했습니다. 그리고 미국은 자국의 반도체 제조 능력 강화를 위해 해외에 나가 있던 제조 시설을 국내로 다시 들이는 리쇼어링(Reshoring, 해외 진출 자국 기업을 국내로 다시 돌아오도록 하는 정책)을 하거나 TSMC나 삼성전자에게 미국 내 첨단 반도체 제조 공장을 짓도록 압박을 가하고 있습니다. 이처럼 무역 분쟁의 양상은 국가 간 공조에서 자국 중심의 보호무역주의로 바뀌고 있습니다.

무역 분쟁은 고율 관세라는 수단을 통해 전개될 수도 있습니다. 예를 들어, 중국에서 생산되는 반도체가 미국으로 수출될 때 고율 관세에 노출된다고 가정해보겠습니다. 이러한 조치는 중국의 반도체기업뿐만 아니라 중국 현지에 후공정 생산 라인을 보유하고 있는 미국의 반도체 기업들에게도 부정적 영향을 미치게 됩니다. 즉, 중국 현지에서 후공정을 마무리하는 인텔이나 마이크론 같은 기업이 관세 정책에 따라 피해를 보게 됩니다. 마이크론의 경우 앞서 말씀드렸던 것처럼 중국 시안에 반도체 후공정 생산라인을 보유하고 있습니다. 그래서 중국에서 조립과 테스트가 완료된 반도체가 미국으로 수출될 때 고율의 관세가 부과될 수 있다는 우려가 발생하게 됩니다. 그러면 실제 관세 부과 여부와 상관없이 마이크론의 주가는 하락하는 영향을 받게 됩니다.

그래서 반도체를 둘러싼 미·중 무역 분쟁이 한창 불붙을 때는 미국 반도체 기업 중에서 중국으로의 매출 비중이 높거나 중국 내에 생산라인을 보유한 기업의 주가 변동성이 컸습니다. 한마디로 중국과 관련된 악재성 뉴스만 나오면 주가가 하락하는 흐름을 보여왔습니다. 최근에는 중국 내의 제로 코로나 정책 때문에 셧다운이 전개되고 나서 미국의 반도체 기업 주가가 전반적으로 하락하기도 했습니다.

이처럼 중국과 관련된 내용은 코로나 때문이든, 무역 분쟁 때문이든, 미국 반도체 기업의 주가에도 악재로 작용하는 경우가 많습니다. 그래서 미국 반도체 기업에 투자할 때는 중국과 관련된 이슈가 어떻게 전개되고 있는지 늘 살펴보아야 합니다.

수출 제한이나 고율의 관세는 전통적인 무역 분쟁의 방법입니다. 요즘 대두되는 새로운 무역 분쟁의 방법은 기업 간 인수·합병을 어렵게 만드는 것입니다. 특히 미국의 반도체 기업이 또 다른 미국 기업을 인수하거나 합병할 때도 중국을 위시한 다른 나라로부터 승인을 받아야만 합니다. 어떤 경우에는 규제당국이 승인은커녕 검토조차도 하지 않을 거라는 우려가 발생하기도 합니다. 이렇게 되면 인수·합병을 추진하는 기업의 주가는 하락할 수밖에 없습니다. 결과가 빤히 보이는 것에 헛된 노력을 하는 것과 마찬가지이기 때문입니다. 2022년 초에 엔비디아가 영국의 반도체 기업 ARM 인수를 포기한 사례가 있었습니다. 이 경우에는 ARM의 본사가 자리 잡고 있는 영국 측의 반대가 심했습니다. ARM이 보유하고 있는 반도체 설계자산이 영국 입장에서는 중요한 자산이라고 여기고 있기 때문입니다.

무역 분쟁이 반도체 패권 전쟁의 양상을 띠고 있지만 이해관계가 하루아침에도 달라질 수 있고, 그렇게 되면 인수·합병이 오히려 쉬워질 수도 있기 때문에 반도체 업종 내의 인수·합병은 언제나 현재 진행형입니다. 그리고 대륙별 반도체 기업의 매출 중에 중국 지역의 매출이 미국 지역의 매출을 상회하는 한, 반도체를 중심으로 전개되는 미·중 무역의 갈등은 쉽사리 잠잠해지기 어려울 것입니다.

우리나라도 일본과의 무역 분쟁을 경험했습니다. 2019년 7월 일본에서 반도체 제조의 핵심 공정에 필요한 소재의 한국 수출을 제한하는 일이 발생해 일본 제품 불매 운동이 일어나는 등 반일 여론이 뜨거워지기도 했습니다. 일본에서 수출 규제 대상으로 지정한 품목은 세 가지(감광액, 불화수소 에칭가스, 플루오린 폴리이미드 필름)였습니다. 이 중에서 감광액과 불화수소 에칭가스가 반도체 노광 공정과 식각 및 세정 공정에 사용됩니다. 일본의 수출 규제 조치 이후 국내 언론에서도 감광액이나 불화수소 에칭가스에 대해 집중적으로 다루게 되면서 반도체에 대해 잘 모르던 분들도 소재나 관련 지식에 대해 관심을 두게 되었습니다. 이는 결과적으로 국내 반도체 소재 기업에 대한 관심을 증대시키는 결과를 낳았고, 소재 국산화에 시동을 거는 계기를 마련하기도 했습니다.

한 치 앞을 알 수 없는 무역 분쟁의 환경에서 상수(常數)에 해당하는 것은 어느 국가든 반도체를 전략 물자로 인정하며 반도체 기술 경쟁력을 국가 경쟁력과 동일시한다는 점입니다. 그래서 각 기업은 자신들의 경쟁력을 높이기 위해 자국의 지원을 받아 제조 설비의 현지화와 대규모 투자를 계속해서 이어갈 것입니다. 그러므로 반도체 업종의 주식 투자에 관심 있는 분들이라면 삼성전자와 SK하이닉스뿐만 아니라 글로벌 반도체 고객사들과 접점을 확대하고 있는 한국의 반도체 소재, 부품, 장비 공급사에도 지속적으로 관심을 기울일 필요가 있습니다. 즉, 매출 기여도를 살펴보았을 때 해외 반도체 고객사의 매출 기여도가 늘어나는 기업을 관심 있게 지켜보면 좋습니다.

9

뉴스 읽기(2)

반도체 산업에서 인수·합병이
왜 자주 일어나나요?

●

기업 간 인수·합병을 한층 어렵게 만들어버린 미·중 무역 분쟁 이후에도 반도체 산업에서의 인수·합병은 활발히 전개되고 있습니다. 반도체 기술이 고도화되다 보니 진출하고자 하는 분야의 선도 기업을 인수·합병하면 신규 사업에 진입하는 시간이 단축됩니다. 초미의 관심을 받던 엔비디아의 ARM 인수는 불발에 끝났지만 앞으로 다수의 반도체 기업이 인수·합병을 계속 추진할 것입니다. 인수·합병이 성사되기 위해서는 미국이나 중국처럼 반도체를 대규모로 소비하는 국가 즉, 수요처에 해당하는 국가로부터 승인을 받아야 합니다. 이는 로미오와 줄리엣이 결혼하기 위해 양가 부모를 포함한 다수의 이해관계자로부터 허락을 받는 것과 비슷합니다.

반도체 산업에서 인수·합병이 활발한 이유는 생산 설비를 직접 짓고 반도체를 양산해서 고객에게 납품하는 데까지 걸리는 시간을 대폭 단축할 수 있기 때문입니다. 인수·합병으로 시장 진입 속도를 높이는 것은 어느 산업이나 마찬가지입니다. 그러나 반도체처럼 공정 기술이 복잡하고 공정마다 필요한 장비와 소재를 제조하기에도 까다로운 기술이 요구되는 경우에는 인수·합병이 그 어느 업종보다도 필연적으로 활발하게 전개될 수밖에 없습니다.

　삼성전자는 2016년에 하만(Harman)이라고 하는 기업을 인수한 이후 다시 인수·합병을 추진하고 있습니다. 하만은 반도체 기업이라고 보기는 어렵지만, 삼성전자가 하만을 인수한 이유 중 하나는 인수 당시 하만이 카 오디오 시장과 차량용 첨단 운전자 보조 시스템에서 수위를 차지하고 있었기 때문입니다. 당시 삼성전자는 직접 완성차 서플라이 체인(공급망)에 뛰어들어 고객사(완성차 공급사)들을 대상으로 하나씩 영업을 나서는 것보다는 업계 내에서 이미 상위권에 있는 기업을 인수하는 것이 훨씬 유리하다고 판단했던 것 같습니다. 사업 분야마다 다르긴 하겠지만 차량용 부품 분야 그리고 비메모리 반도체 분야에서 원점으로 시작해 단기간에 성과를 내기는 참으로 어렵습니다. 그러니 삼성전자 관점에서 하만의 인수는 자전거를 타고 달리려고 하다가 갑자기 택시로 바꿔 타는 것과 같다고 할 수 있습니다.

　삼성전자는 하만을 인수한 이후 아직 대규모 인수·합병을 추진하고 있지는 않습니다. 그러나 2021년 실적 발표 때에 추가적인 인수·합병에 대한 의지를 재차 표명했습니다. 산업의 패러다임이 급격히 변하고 있고 점점 더 경쟁이 치열해지는 상황에서 미래의 성장 돌파구를 찾기 위해 핵심 역량을 보유한 기업에 대한 전략적 인수·합병은 꼭 필요합니다. 삼성전자에서는 회사의 지속적 성장에 도움이 된다면 사업 영역이나 규모에 대해선 제한을 두지는 않는다고 언급했지만, 일부 애널리스트들은 삼성전자가 장차 차량용 반도체 또는 플랫폼 분야의 인수·합병을 추가적으로 추진할 것을 기대하고 있습니다.

한국의 반도체 기업이라고 해서 상대적으로 인수·합병에 소극적이고 미국의 반도체 기업이라고 해서 반드시 인수·합병에 적극적인 것은 아닙니다. 기업마다 인수 또는 합병을 추진하는 것은 전략적인 선택의 일환입니다. 최근에 인수·합병을 적극적으로 추진하고 있는 엔비디아나 AMD는 수년 전까지만 해도 인수·합병보다는 주력 제품의 연구개발에 더욱 힘을 쓰는 기업이었습니다.

한편, 미국 반도체 기업 중 퀄컴은 적극적으로 인수·합병을 추진했다 중국의 견제로 실패한 이후 미·중 무역 분쟁 기간 동안은 조용히 지내는 것처럼 보이더니 2022년에 자율주행 소프트웨어 플랫폼 기업 어라이버(Arriver)를 인수했습니다. 어라이버는 스웨덴 기업 비오니어(Veoneer)의 자율주행 소프트웨어 플랫폼 개발 사업부입니다. 이처럼 미국의 반도체 기업은 전략적 판단에 따라 언제든 인수·합병에 적극적으로 나서고 있습니다.

퀄컴에 대해 조금 더 얘기해 볼까요? 2015년 2월 퀄컴은 중국에서 독점 금지규정을 위반했다는 이유로 9억 7천5백만 달러의 돈을 벌금으로 지급하게 되었다고 말씀드렸습니다. 당시 중국에서 불거졌던 이슈는 퀄컴의 3세대 및 4세대 이동 통신용 모바일 반도체 특허 수수료가 중국 스마트폰 제조사에 너무 큰 부담을 준다는 것이었습니다. 9억 7천5백만 달러(우리 돈으로는 당시 환율 기준 1조 원 이상 수준)는 그때나 지금이나 개별 기업이 감당하기에는 어려운 엄청난 거액입니다.

중국 당국으로부터 견제를 받고 합의가 진행되던 사이 퀄컴의 주가는 계속 하락했습니다. 합의금이라고 부르기도 어색합니다만, 독점 금지규정 위반 관련 뉴스가 처음으로 알려졌을 때 70달러를 지키던 주가는 중국과 합의문 발표가 나온 이후 50달러 미만까지 하락합니다. 증시에서는 중국에서 퀄컴이 겪었던 일을 그만큼 부정적으로 해석했습니다. 그러다 퀄컴은 3년 후인 2018년, 또 다른 형태의 거액의 해약 수수료를 지급하며 자의 반, 타의 반으로 다시 한번 도마 위에 올랐습니다. 퀄컴은 네덜란드의 차량용 반도체 공급사 NXP를 인수·합병하려고 했지만 중국 규제당국의 최종 승인을 받지 못했고 이로 인해 위약금까지 내야할 형편이었습니다. 이러한 일들 이후, 미국 반도체 기업들이 진행 중인 인수·합병 건에 대해 중국의 승인이 늦어지거나 검토가 길어진다는 뉴스가 나오면 해당 기업의 주가는 점점 하락을 합니다. 이전에 퀄컴을 덮었던 그림자가 다른 기업에까지도 영향을 미치고 있다고 봐야 할 정도입니다.

무역 분쟁 이전에도 글로벌 반도체 기업 간의 인수·합병은 생각보다 쉽게 성사되지 않았습니다. 마치 로미오와 줄리엣이 사랑에 빠져서 양가 부모님으로부터 허락을 받아야 하는데 몇 년을 기다리는 것과 비슷합니다. 그럼에도 오랜 기다림 끝에 인수·합병을 성공시킨 사례가 있는데 대만의 미디어텍이라는 반도체 기업이 동종 업종의 엠스타(MStar)를 인수·합병한 사례입니다(엠스타도 대만 기업입니다). 무역 분쟁이 발발하기 한참 전에 진행되었는데, 마무리가 될 때까지 사실상 수년이 걸렸습니다.

인수·합병 추진 당시 미디어텍은 휴대전화용 시스템 온 칩(System on Chip) 반도체를 공급하고 있었습니다. 엠스타는 디지털 TV용 시스템 온 칩 반도체의 1위 공급사였습니다. 미디어텍과 엠스타의 결합은 한국 시장에서 크게 이슈로 떠올랐습니다. 인수 기업인 미디어텍 때문이 아니라 피인수 기업인 엠스타 때문이었습니다. 엠스타는 삼성전자와 LG전자에 필요한 TV용 반도체를 공급하고 있었습니다. 당시 한국 규제당국에서 문제를 삼았던 것은 양사의 결합 이후 디지털 TV용 시스템 온 칩 반도체의 가격 인상 가능성이었습니다. 특정 반도체를 공급하는 기업(미디어텍, 엠스타)이 가격 협상에서 우선권을 가질 수 있고 그러면 그 반도체를 필요로 하는 수요처(삼성전자, LG전자)에서는 부품 가격이 인상되더라도 이를 그대로 수용하는 것 외에 다른 대안이 없기 때문입니다.

우리나라의 규제당국은 양사의 인수·합병에 대해 조건부 승인을 결정했습니다. 향후 3년간 신제품 출시 후 9개월이 지나면 제품 가격을 인하한다는 내용이었고, 이처럼 인하된 가격을 TV 제조사의 구매가 완료될 때까지 유지한다는 조건이었습니다. 결론적으로 삼성전자나 LG전자와 같은 TV 제조사의 부담을 낮출 수 있는 내용을 조건으로 내건 셈이었습니다.

이렇게 몇 줄로 정리하면 깔끔한 결론처럼 보이지만 이러한 결론이 도출될 때까지 상당한 시간이 걸렸습니다. 미디어텍과 엠스타의 인수·합병 시도는 2012년 6월에 처음으로 언론에 보도되었습니다. 모회사가 된 미디어텍과 자회사가 된 엠스타가 정식 합병을 마무리한 것은 그로부터 한참 뒤인 2019년 1월입니다. 로미오와 줄리엣이 처음 만나 사귀고 결혼하기까지 6년 이상이 걸린 셈입니다. 다수의 이해관계자가 인수·합병의 속도에 영향을 끼쳤지만 미디어텍과 엠스타의 제품을 주로 이용하는 한국에서 승인을 받는 데에만 수개월이 소요되었습니다.

반도체 기업끼리의 인수·합병에서는 생존 편향(Survivorship bias, 살아남은 것만 주목하고 실패한 것을 고려하지 않는 것)이 존재하는 것처럼 보입니다. 즉, 인수·합병에 성공한 기업들에게서 합병으로 인해 시장 점유율이 늘어나거나 실적이 성장하는 모습을 쉽게 찾아볼 수 있지만, 인수·합병에 실패한 기업이 겪는 어려움은 잘 드러나지 않는 것 같습니다. 어렵사리 합병까지는 성공했지만 핵심부서 인력의 퇴직으로 인해 합병의 후유증을 겪는 기업들도 있는데, 이런 기업들도 자신들의 실패담을 잘 드러내지 않습니다.

반도체 업종에서 거대 규모의 인수·합병이 무산된 사례를 살펴보겠습니다. 반도체 장비 공급사 1위와 3위였던 어플라이드 머티어리얼즈와 도쿄 일렉트론(Tokyo Electron)은 인수·합병을 강력히 원했지만, 양사의 반도체 장비를 이용하는 고객사와 합병 이후 법인세 유입 감소를 우려하는 규제당국의 반대로 인해 결국 2년 만에 인수·합병이 무산됐습니다. 양사의 인수·합병 시도가 처음 발표됐을 때만 해도 반도체 업계의 큰 이슈였고, 2년 만에 무산됐을 때도 역시나 큰 쟁점이 되었습니다. 양사의 인수·합병이 무산된 직후에 저도 해외 투자자와의 미팅에서 실패 원인에 대해 이야기를 나눴던 기억이 납니다. 당시에는 지금처럼 무역 분쟁이 첨예하지 않던 시기였습니다. 아마 양사의 반도체 장비를 다수 이용하던 삼성전자와 SK하이닉스의 입장에서 두 회사의 합병을 부담스럽게 보았던 것 같습니다.

이와 달리 무역 분쟁 시기에도 인수·합병에 보란 듯이 성공한 기업이 있습니다. 엔비디아와 멜라녹스 테크놀로지스(Mellanox Technologies)입니다. 원래 엔비디아는 인수·합병을 적극적으로 추진하지 않던 기업이고 연구개발을 주력하는 기업이었습니다. 회계연도 기준으로 2016년의 매출액 대비 연구개발비 비중은 26.57%로 2016년의 인텔(21.36%)이나 AMD(23.34%)보다도 높았습니다. 그랬던 엔비디아가 멜라녹스를 인수한다고 시장에 알려졌을 때 증시의 반응은 일단 긍정적이었습니다. 멜라녹스의 인수를 추진한다는 뉴스가 보도된 날, 엔비디아의 주가는 전일 대비 12.7% 상승했습니다.

이와 같은 주가 흐름은 특이한 모습입니다. 보통 인수·합병 시도가 알려지고 나면 인수 기업의 주가는 하락할 가능성이 큽니다. 자금 부담과 인수·합병 실패 시 따라올 리스크 때문입니다. 그런데 뉴스 보도 첫날에 엔비디아의 주가가 10% 이상 상승했던 이유는 멜라녹스를 인수한 이후에 엔비디아의 데이터센터 사업부와의 시너지가 커진다는 점이 비교적 명확하게 기대를 불러일으켰기 때문입니다. 즉, 명분과 이유가 분명했고 업황에 대해 조금만 아는 사람이라면 누구나 쉽게 긍정적 전망을 점칠 수 있었습니다.

증시에서의 기대감은 엔비디아의 주가를 끌어올리며 긍정적인 신호를 보냈지만 막상 규제당국의 승인은 빨리 완료되지 않았습니다. 2019년 연내에 마무리하는 것이 엔비디아의 목표였는데 당시의 컨센서스는 미·중 무역분쟁이 완화되어야 규제당국의 승인을 받을 수 있고, 특히 미국 기업끼리의 결합이므로 중국 규제당국의 승인을 받기가 단기적으로 어렵다는 것이 중론이었습니다. 당시나 지금이나 미·중 무역분쟁이 진행 중이었으므로 중국 규제당국이 승인을 검토하기는커녕, 검토조차 원활하게 진행하지 않을 것이라는 우려도 있었습니다. 그런 의심이 지속되며 시간이 흘러가는 동안 미·중 갈등은 한층 격화되는 조짐이 나타났고 결국 엔비디아의 주가는 내림세로 돌아서기 시작했습니다. 그러다 2020년 4월에 중국 규제당국의 승인이 드디어 마무리됐습니다. 엔비디아의 관점에서 13개월 만에 승리의 면류관(冕旒冠)을 쓴 셈입니다. 엔비디아의 주가는 그 이후 두 배 이상 올랐습니다.

미·중 무역분쟁이 반도체 패권전쟁의 양상을 띠고 있지만, 이해관계가 하루아침에 달라질 수도 있는 복잡한 환경이다 보니 반도체 업종 내의 인수·합병은 언제나 현재 진행형입니다. 인수 기업으로서 가장 초조하게 기다리는 것은 각국 규제당국의 승인 여부입니다. 반도체 업종의 인수·합병은 인수 기업과 피인수 기업의 시장점유율에 큰 변화를 줄 수 있으므로 규제당국의 승인을 쉽사리 받아 내기가 어렵습니다. 이탈리아 베로나의 10대 커플이었던 로미오와 줄리엣이 결혼하기 위해서 양가 부모님뿐만 아니라 베로나의 저명한 가문들의 암묵적 합의가 필요했을 것입니다. 반도체 산업에서의 인수·합병도 이와 크게 다르지 않습니다.

10

뉴스 읽기(3)

반도체 시장의
슈퍼 사이클이라는 말은
무슨 의미인가요?

슈퍼 사이클이란 반도체 기업이 장기적으로 큰 부침을 겪지 않고 꾸준히 성장하는 단계에 오는 것을 의미합니다. 당연한 얘기겠지만 이런 기업을 찾아 해당 주식에 투자한다면 장기적으로 큰 이익을 거둘 수 있습니다. 현존하는 반도체 기업 중 이런 모습에 근접한 기업은 대만의 TSMC입니다. 반도체 미세화 기술이 130나노미터에서 5나노미터로까지 발전하고 나서 비메모리 반도체를 위탁·제조할 수 있는 기업은 TSMC와 삼성전자 두 곳뿐입니다. TSMC의 10나노미터 미만의 선단(첨단) 공정 매출은 분기마다 꾸준히 성장하고 있습니다.

반도체 뉴스를 접하다 보면 '슈퍼 사이클'이라는 단어를 종종 듣게 됩니다. 슈퍼 사이클이란 어떤 기업의 실적이 여러 요인에도 큰 부침을 겪지 않고 장기적으로(10~20년 이상) 꾸준히 성장하는 것을 의미합니다. 개별 반도체 기업이 슈퍼 사이클에 진입했다는 평가를 받기 위해서는 매출을 구성하는 제품 가격이 상승하면서 출하량도 함께 늘어나야 합니다. 과거에는 원유, 가스 등의 원자재 중심으로 슈퍼 사이클이라는 용어가 사용되었으나, 최근에는 반도체 분야에서도 사용되고 있습니다.

한국 반도체 업종에서 '슈퍼 사이클'이라는 단어가 등장하기 시작한 것은 2013년부터입니다. 이는 SK하이닉스와 관련이 있습니다. 이때부터 SK하이닉스의 분기 영업이익이 완전히 흑자로 돌아섰기 때문입니다. SK하이닉스가 마지막으로 분기 영업손실을(적자를) 기록한 것은 2012년 3분기입니다. 그러다가 2012년 4분기부터 분기 영업이익이 흑자를 달성하기 시작했습니다. 2013년 3분기에는 영업이익이 1조 원을 웃돌기까지도 했습니다. 분기별 1조 원 내외를 달성하는 영업이익 기조는 2015년 1분기까지도 계속 이어집니다. 앞으로 이런 흐름이 계속 이어질 것 같다는 기대감이 커지기 시작했고, 이때부터 SK하이닉스에 대해 언급할 때 슈퍼 사이클이라는 단어가 심심찮게 사용되기 시작했습니다.

그런데 2015년 하반기부터는 슈퍼 사이클이라는 단어가 무색해질 정도로 영업이익이 감소하는 일이 발생합니다. 메모리 반도체 중 DRAM 가격이 하락하기 시작하면서 SK하이닉스의 분기 영업이익이 1조 원 미만으로 감소한 것입니다. 이러한 흐름이 다시 1년 동안 지속되고 나서 2016년 4분기가 되어서야 다시 1조 원을 웃돌기 시작했습니다. 그 이후로는 미·중 무역분쟁 등 전 세계 반도체 수요에 영향을 끼치는 이벤트가 발생할 때마다 영업이익은 다시 1조 원 밑으로 떨어졌습니다. 이처럼 더 이상

적자를 기록하지 않으면서 영업이익이 1조 원 범위에서 왔다 갔다 하는 일이 2019년 2분기부터 2020년 1분기까지 이어져 왔습니다. 슈퍼 사이클이라는 단어를 꺼내기에 조금 이른 것 같지만 적어도 영업이익이 적자로 돌아설 가능성은 거의 없어 보입니다. 이후 2022년 1분기까지의 영업이익은 2~4조 원 내외를 기록 중입니다.

SK하이닉스의 영업이익 흐름에 가장 큰 영향을 주는 요인은 무엇일까요? 바로 DRAM 가격입니다. 경쟁사들이 DRAM 생산 설비를 증설해서 공급을 빠르게 늘리면 DRAM 가격이 하락합니다. 하락 속도는 무척 빠른데, 단지 몇 개월 만에 1/2 혹은 1/3 수준으로 하락하기도 합니다. 그리고 미·중 무역분쟁처럼 반도체 수요에 영향을 끼치는 이벤트도 DRAM 가격에 영향을 미칩니다. 미·중 무역분쟁이 한창이던 시기에 SK하이닉스의 영업이익을 다시 살펴보겠습니다. 2019년 1분기에는 1조 3,665억 원이었지만 6개월 후인 2019년 3분기에는 4,726억 원까지 감소합니다. 대략 1/3 수준으로 떨어진 것입니다. 이는 6개월 동안 DRAM 가격이 1/3 수준에 가깝게 하락했기 때문입니다. 다행히도 2012년 3분기 이후부터 지금까지 분기 기준으로 영업손실을 기록한 적은 단 한 번도 없습니다. 이익의 폭은 왔다 갔다 하며 변동성이 컸지만 이익을 못 낸 시기는 없었습니다.

그렇다면 다른 반도체 기업들도 SK하이닉스처럼 분기 영업이익의 변동성이 클까요? 그렇지 않은 기업도 있습니다. SK하이닉스처럼 반도체를 직접 제조하면서도 분기 영업이익의 변동성은 제한적이고 슈퍼 사이클에 진입했다고 말할 수 있는 기업이 있습니다. 바로 대만의 반도체 기업 TSMC입니다(TSMC는 어디에도 빠지지 않는 기업이네요).

TSMC의 분기 영업이익은 2010년 이전까지는 1조 원 안팎으로 변동성을 기록했습니다. 그런데 2010년부터는 분기 영업이익이 1조 원을 웃돌 뿐만 아니라 꾸준히 증가하고 있습니다. 2010년 1분기 영업이익은 1.2조 원이었는데, 그로부터 5년 뒤인 2015년 1분기 영업이익은 3조 원으로까지 증가했습니다. 이후에도 분기 2조 원 이상의 영업이익을 꾸준히 유지했습니다. 미·중 무역분쟁이 한창이던 시절에도 영업이익은 감소하지 않고 2019년 1분기 2.3조 원의 영업이익을 기록했습니다. 2015년 1분기 때의 3.0조 원에 비하면 많이 감소했지만 그래도 양호한 수준입니다. 2019년 3분기부터는 4조 원대에 진입했고, 2021년 1분기와 2분기에는 각각 5조 원을 웃도는 영업이익을 기록했습니다. 그리고 2022년 1분기에는 10조 원에 근접하는 영업이익을 달성했습니다(와우!).

TSMC의 영업이익은 어떻게 이런 모습으로 성장할 수 있었을까요? 답은 간단합니다. 경쟁사가 현저히 감소했기 때문입니다. TSMC가 가장 잘하는 분야는 반도체 중에서 비메모리 분야 그리고 첨단 공정 분야의 제조입니다. 무역 분쟁 이전에는 비메모리 반도체에서 14나노미터 미만의 회로 선폭을 첨단 공정으로 불렀지만 지금은 7나노미터, 5나노미터 정도를 첨단 공정으로 부릅니다. 반도체의 제한된 면적에 더 많은 구조물을 촘촘하게 세우면 세울수록 제한된 전력 범위 내에서 고성능을 발휘할 수 있습니다. TSMC는 본국인 대만 외에 미국 애리조나에 첨단 공정의 비메모리 반도체 공장을 짓고 있습니다. 그곳에서는 5나노미터 제품을 만들 예정입니다.

그럼 TSMC와 함께 비메모리 반도체의 미세화를 주도한 기업에는 누가 더 있는지 살펴보겠습니다. 7나노미터보다 조금 더 큰 14나노미터부터 살펴보겠습니다. 14나노미터 공정으로 반도체를 만들 수 있는 기업은 TSMC 외에 한국의 삼성전자, 미국의 인텔과 글로벌파운드리(GlobalFoundries), 중국의 SMIC 이렇게 다섯 곳입니다. 그러나 14나노미터 미만의 공정에서 10나노미터, 7나노미터, 5나노미터로 내려갈수록 이를 공급할 수 있는 제조사의 수는 줄어듭니다. 2022년 기준으로 7나노미터 및 5나노미터 양산이 가능한 제조사는 대만의 TSMC와 한국의 삼성전자뿐입니다.

이는 마치 넷플릭스 드라마 《오징어게임》에서 가장 마지막

게임이 열리기 직전 최후의 2인이 남은 상황과 유사합니다. 중세 유럽의 기사들이 무예 대결을 펼치고 마지막에 결승을 다투는 두 명의 기사가 남은 것과 비슷합니다. 14나노미터 공정 기준으로는 다섯 명의 기사(TSMC, 삼성전자, 인텔, 글로벌파운드리, SMIC)가 있었는데, 7나노미터 및 5나노미터 공정 기준으로는 두 명의 기사(TSMC, 삼성전자)만 남은 셈입니다. 7나노미터와 5나노미터 첨단 공정 이후에는 3나노미터와 2나노미터의 기술 발전이 필요합니다. 이미 5파전에서 2파전으로 경쟁자가 줄어든 상황이고, 14나노미터를 제조하던 기업이 갑자기 중간 단계를 건너뛰어 3나노미터 및 2나노미터 공정으로 양산하는 것은 불가능하므로 TSMC와 삼성전자의 독주는 앞으로도 계속 이어질 가능성이 큽니다.

그래서 TSMC와 삼성전자 중에서는 TSMC가 실질적으로 슈퍼 사이클에 진입했다고 볼 수 있습니다. 시장 점유율이 50%를 웃돌고 이를 바탕으로 공급사로서의 지배력을 유지하고 있기 때문입니다. 그럼 삼성전자는 슈퍼 사이클에 진입했다고 볼 수 있을까요? 슈퍼 사이클에 진입했다고 결론을 내리기는 아직 어려울 것 같습니다. 분기별 비메모리 반도체 사업의 영업이익이 계절적 비수기, 성수기의 영향을 받고 있기 때문입니다. 그리고 전사적으로 비메모리 반도체 사업 외에 메모리 반도체 사업, 모바일 기기 사업 등 다른 부문에서의 이익 변동성도 있다 보니 삼성전자를 슈퍼 사이클에 진입한 기업이라고 말하기에는 아직 이르다는 생각이 듭니다.

삼성전자가 이렇다면 SK하이닉스는 어떨까요? SK하이닉스는 순수하게 반도체 사업만 영위하고 실적 대부분이 메모리 반도체에서 비롯되고 있습니다. TSMC를 SK하이닉스와 비교해보면 TSMC는 비메모리 반도체 시장의 기술 경쟁에서 경쟁사 5곳 중 3곳이 7나노미터 및 5나노미터 공정 진입을 포기했기 때문에 남은 2개 기업 중에서 1위 제조사로 장기 호황에 진입했다고 평가받지만, SK하이닉스의 경쟁사는 아직도 많은 편입니다. 다만 경쟁사의 수가 많이 감소했기 때문에 장기적으로는 슈퍼 사이클에 진입할 가능성이 있습니다.

DRAM 산업의 역사를 잠시 살펴보기 위해 10년 전으로 돌아가 보겠습니다. 2012년 기준으로 살펴보게 되면 DRAM 공급사가 8곳이나 되었습니다. 삼성전자(한국), SK하이닉스(한국), 마이크론(미국), 엘피다(일본), ProMOS(대만), Winbond(대만), 파워칩 세미컨덕터(대만), 난야 테크놀로지(대만)입니다. 이렇게 다수의 기업이 존재했는데, 현재는 파산한 기업도 있고 인수·합병된 기업도 있습니다. 이런저런 변화가 전개된 이후 유의미한 규모로 DRAM을 공급할 수 있는 기업은 이제 3개 업체만 남았습니다. 바로 삼성전자와 SK하이닉스 그리고 마이크론입니다. 나머지 공급사나 신규 공급사의 위상은 제한적입니다. 4위 기업인 대만의 난야 테크놀로지는 메모리 분야 사업을 하고는 있지만 생산 설비 규모를 볼 때 생산량은 무척 제한적입니다. 시장 점유율은 3% 미만입니다. 나머지 대만 기업들의 시장 점유율은 각각 1% 미만 수준입니다. 중국에서는 푸젠진화반도체(Fujian Jinhua Integrated Circuit), 창신메모리테크놀로지(Changxin Memory Technologies)라는 기업들도 DRAM 생산라인을 보유하고 있지만 시장 점유율은 낮은 한 자릿수 수준입니다. 따라서 2022년 현재 DRAM 메모리 반도체 시장의 주요 공급사는 삼성전자, SK하이닉스, 마이크론 이렇게 3곳이라고 해도 과언이 아닙니다.

일단 공급사가 8곳에서 3곳으로 줄어들었다는 점은 앞서 언급했던 것처럼 비메모리 반도체의 선단 공정에서 단둘만 남은 상황과 같습니다. 그러면 DRAM 반도체에서 마지막에 살아남은 3개의 공급사들이 슈퍼 사이클에 진입할 가능성이 절대적으로 높을까요? 혹은 DRAM 분야에서도 TSMC와 삼성전자 위주로 재편된(정리된) 첨단 공정의 비메모리 반도체처럼 공급사가 2곳으로 줄어들 가능성이 있을까요? 즉, 삼성전자, SK하이닉스, 마이크론 중 어느 한 곳이 DRAM 사업을 포기할 가능성이 있을까요? 정답부터 말씀드리면 그럴 가능성은 매우 낮아 보입니다. SK하이닉스와 마이크론의 경우 DRAM 메모리 반도체 사업이 회사 전체 실적의 주된 역할을 합니다. 매출 기준으로 70~80% 내외를 차지합니다. 그러니 사업을 포기할 수는 없습니다. 그렇다면 삼성전자는 어떨까요? 삼성전자도 마찬가지입니다. 삼성전자가 영위하는 반도체 사업 중에 DRAM 메모리 반도체 사업의 이익 기여도가 가장 큽니다. 삼성전자의 반도체 사업을 디바이스별로 구분하면 DRAM 메모리 반도체, 낸드 플래시 메모리 반도체, 비메모리 반도체 이렇게 세 개로 나눌 수 있는데 그중에서 DRAM 메모리 반도체의 영업이익 기여도가 가장 큽니다. 사실상 DRAM 메모리 반도체에서 번 돈을 반도체 설비투자에 쓰고 있다고 봐야 합니다. 따라서 삼성전자도 DRAM 사업을 포기할 가능성은 거의 없어 보입니다.

결론적으로 삼성전자, SK하이닉스, 마이크론 어느 한 곳도 DRAM 사업을 포기할 가능성은 없어 보입니다. 3곳이지만 이들에게 슈퍼 사이클 진입의 가능성은 여전히 남아 있습니다. 메모리 역시 비메모리 파운드리만큼 기술 진입 장벽이 높아 신규 공급사가 새롭게 시장으로 들어와 대규모의 설비 증설을 통해 기존 공급사들을 위협하기는 어렵기 때문입니다. 이러한 현상은 DRAM 미세 공정에서 14나노미터 이하로 선폭이 좁아지면서 나타난 현상입니다. 즉, 비메모리 파운드리에서 7나노미터 이하로 선폭이 좁아질 때 나타났던 변화와 비슷한 일이 메모리 반도체 분야에서도 벌어지고 있다고 보면 됩니다. 그러다 보니 비메모리 반도체의 첨단 공정에서 사용되던 장비나 회로 패턴 구조가 DRAM 메모리 반도체에 적용되기 시작했습니다. 그래서 기존의 공급사들도 미세 공정을 계속 추진하려면 비메모리 반도체 공정에서 사용되던 고가 장비를 메모리 반도체에도 사용하는 등의 설비투자의 필요성이 증가했습니다.

마치 사막에 우물을 파는 방법이 점점 어려워지고 고가의 장비가 필요한 것과 비슷합니다. 우물을 파기 쉬울 때는 우물물 가격이 쉽게 하락할 수 있는데, 우물 파기가 점점 어려워지면 우물물은 귀하신 몸이 되어 가격이 잘 하락하지 않는 것과 같습니다. 오히려 가격은 점점 오를 가능성이 있다고 봐야 합니다. 우물물의 공급량은 일정하므로 가격이 오른다면 각 우물에서 발생하는 매출과 영업이익은 중장기적으로 성장할 수밖에 없습니다. DRAM 메모리 반도체 업종도 중장기적으로 그런 모습을 보여줄 것이라고 예견해 볼 수 있습니다.

11

뉴스 읽기(4)

차량용 반도체가 부족하다는데
왜 그런가요?

차량용 반도체가 부족하다는 이야기는 2020년 4분기부터 흘러나오기 시작했습니다. 일시적 수요와 공급의 불균형인 줄 알았는데 2022년에 상반기에도 현재 진행형입니다. 수요 측면에서의 원인은 전기차와 자율주행차의 보급 때문입니다. 전기차나 자율주행차의 반도체 탑재량은 기존의 전통적 내연 기관 차량보다 2~4배 수준으로 늘어납니다. 차량용 반도체의 수요는 이처럼 탄탄하지만, 차량용 반도체의 공급 증가 속도는 이에 미치지 못하고 있습니다. 제조사들도 설비 증설에 그리 적극적이지 않습니다. 그 이유는 설비투자 대비 벌어들일 수 있는 수익이 아직은 불확실하고 한정적이기 때문입니다.

차량용 반도체가 부족한 가장 큰 이유는 무역 분쟁과 코로나 발발로 자동차 수요 추정이 어려워진 가운데 반도체 공급사들의 생산 속도가 수요에 미치지 못하기 때문입니다. 근본적인 공급 부족은 전기차와 자율주행차가 본격적으로 확산 보급되기 직전인 2020년 전후부터 시작됐습니다.

그렇다면 왜 2020년 전후에 차량용 반도체의 공급이 부족해졌을까요? 닭이 먼저냐 달걀이 먼저냐 하는 논쟁과 비슷하게 보이지만, 무역 분쟁과 코로나 발발이 연속적으로 이어지면서 내연 기관 차량의 수요를 훼손했기 때문입니다. 특히 2020년 1월 코로나 발발 직후 셧다운 사태가 계속 이어지면서 밖에 나가는 것 자체가 어려워지다 보니 중국과 유럽의 완성차 판매가 부진 해졌습니다. 그리고 코로나 발발 전에 먼저 시작된 무역 분쟁도 내연 기관 차량의 수요를 둔화시켰고요. 당시 차량용 반도체 업 계에서는 고객사의 주문 취소가 흔했습니다. 물론 당시 기준으 로 차량용 반도체의 수요처는 대부분 내연 기관 차량이었습니 다. 이렇게 코로나 발발로 내연 기관 차량의 수요가 급격하게 둔 화되자 내연 기관 차량용 반도체를 만들던 공급사들은 반도체 제조 가동률을 낮춰 잡기 시작했습니다. 실적은 이에 따라 부진 해졌습니다. 당연히 증설에 대해서는 고려할 여력이 없었습니 다. 즉, 코로나 발발 직후 차량용 반도체 수요가 부진하고 차량 용 반도체 공급사는 이런 영향을 받아 생산을 줄이는 등 어려움 을 겪었습니다.

이런 상황에서 차량용 반도체 공급사들의 매출은 2020년 2분기까지 부진했습니다. 대표 기업인 네덜란드의 NXP의 경우 2020년 2분기 차량용 반도체 사업부 매출은 6억 7천4백만 달러 를 기록하며 전 분기 대비 32% 감소했고, 전년 동기 대비 35% 감 소했습니다. 상황이 이렇다 보니 차량용 반도체 공급사들은 제 조 시설 증설에 소극적인 태도를 보이기 시작했습니다. 마치 음식점이나 꽃집에서 잘 팔리는 것 위주로 공급량을 늘리고 대신 장사가 안되는 품목은 당연히 공급을 줄이는 것과 같습니다. 꽃집에서 어버이날을 앞두고 카네이션이 잘 팔린다면 당연히 꽃시장에서 카네이션을 더 많이 공수하지 굳이 잘 팔리지 않는 꽃을 가게에 가져다 놓을 리가 없습니다.

반도체 공급사들 입장에서 보면 코로나 발발 이후 차량용 반도체보다도 더 잘 팔리는 제품은 일반 가전제품이나 사물인터넷 기기에 탑재되는 반도체였습니다. 이런 반도체들이 갑자기 많이 팔리게 된 이유는 코로나로 외부 이동이 제한되고 실내에서 시간을 보내는 일이 많아지면서 가전제품을 신형으로 교체하거나 새로 구입하는 수요가 늘었기 때문입니다. 실제로 이 시기에 LG전자나 삼성전자의 가전 사업 실적은 무척 좋았습니다. 일반 가전 제품, 또는 사물인터넷 기능이 강화된 가전제품의 판매가 호조세였기 때문입니다.

아울러 그동안 반도체가 필요하지 않던 기기에도 반도체가 점점 더 많이 사용되기 시작했습니다. 코로나 발발 이후 안면 인식 기기, 체온 감지기 등이 불타나게 팔리면서 이러한 기기에 반도체가 탑재되기 시작했습니다. 동네 작은 카페부터 매일 출퇴근하는 사무실 입구에까지 체온 감지기 등이 설치되다 보니 기존에 없던 신규 수요가 생기기 시작했습니다. 당연히 반도체 공급사들은 수요가 불확실한 차량용 반도체보다는 수요가 확실한 반도체 생산에 더욱 집중할 수밖에 없었습니다.

전통적인 차량용 반도체의 수요는 대부분 신규 수요보다 교체 수요에 가깝습니다. 완성차가 공급된 지 이미 100년이 지났기 때문에 대규모의 신규 수요가 창출되기는 어렵습니다. 그리고 수요 추정의 불확실성도 매우 큰 편입니다. 새 차를 사지 않고 중고차를 사거나 차량 공유 프로그램을 이용하는 소비자도 늘고 있다 보니 수요 예측이 꽤 어렵습니다. 반면 안면 인식 기기나 체온 감지기는 이제 막 새롭게 팔리기 시작한 제품이다 보니 반도체 공급사들은 이런 기기의 신규 수요를 뒷받침하는 방향으로 사업을 전개하기 시작했습니다.

반도체 공급사들이 차량용 반도체 대신 일반 제품 반도체 생산에 더욱 집중한다면 혹시라도 반도체를 전문적으로 위탁·제조하는 기업들이 차량용 반도체 생산을 대신할 수도 있지 않을까? 이렇게 생각해볼 수도 있습니다. TSMC와 같은 기업들이 기존 사업과 더불어 차량용 반도체 사업을 본격적으로 전개하는 것이지요. 일부 그런 움직임이 있긴 했지만 아직 드라마틱한 수준으로 전개되고 있지는 않습니다.

TSMC가 분기별로 공개하는 응용처별 매출 비중을 살펴보면 차량용 반도체의 매출은 2022년 1분기 기준으로 5%에 불과합니다. 이는 TSMC뿐만 아니라 다른 파운드리 업체들도 마찬가지입니다. TSMC 말고도 대만에 UMC라는 업체가 있는데, UMC는 2022년 1분기에 차량용 반도체 매출 비중을 따로 발표하지 않고 있습니다. 매출 비중을 밝히지 않는다는 의미는 관련 제품의 매출 비중이 10% 미만으로 제한적이라는 것을 의미합니다.

결론적으로 코로나 발발 초기에 전통적인 차량용 반도체 공급사들은 차량용이 아닌 가전 제품용 반도체를 생산하느라 바빴고, 반도체를 전문적으로 제조하는 TSMC와 같은 곳에서는 차량용 반도체 생산을 늘리기는 했지만 그 수는 제한적이었습니다. TSMC 입장에서는 차량용 반도체를 달라고 하는 완성차 기업보다 퀄컴, 애플, AMD, 엔비디아와 같은 오래된 고객사들에게 집중하는 것이 훨씬 이득인 상황이었습니다. 이런 환경이 지속되다 보니 차량용 반도체의 공급 부족은 계속해서 이어지고 있습니다.

차량용 반도체가 전 세계 반도체 시장에서 차지하는 비중은 아직 작은 편입니다. 10% 내외로 추정됩니다. 따라서 TSMC와 같은 파운드리(위탁·제조) 공급사들이 진짜로 목숨을 걸고 차량용 반도체 사업에 적극적으로 뛰어들지 않은 이상 개별 반도체 파운드리 기업의 차량용 반도체 매출 비중이 10%를 훌쩍 웃돌기는 어렵습니다. 다만 전기차와 자율주행차에 탑재되는 반도체가 일반 내연 기관 차량의 2~4배로 높은 만큼 반도체 시장 조사 기관에서는 차량용 반도체 시장이 2022년에서 2025년까지 적어도 연평균 10% 이상 성장할 것으로 전망하고 있습니다. 그래도 여전히 냉정한 관점에서 살펴보면 전체 반도체 시장에서 차량용 반도체가 차지하는 비중이 상대적으로 낮습니다. 그래서 삼성전자나 SK하이닉스 같은 한국의 대기업이 차량용 반도체 설비투자를 대규모로 전개할 만한 명분은 제한적일 수밖에 없습니다.

그럼 이렇게 차량용 반도체 증설에 다들 적극적이지 않은 상황에서 오래전부터 차량용 반도체를 생산해왔던 기업들은 어떤 방식으로 사업을 확장하고 있을까요? 상위 공급사는 인수·합병을 통해 시장 점유율과 매출을 늘리고 있습니다. 즉, 적극적인 증설보다는 인수·합병을 통해 제품 포트폴리오나 고객 포트폴리오를 다양화하고 있습니다. 그러다 보니 상위권 기업 중 독일의 인피니언과 네덜란드의 NXP의 시장 점유율 순위는 엎치락뒤치락합니다. 각각 사이프러스 세미컨덕터(Cypress Semiconductor), 프리스케일 세미컨덕터(Freescale Semiconductor)라는 회사를 인수했습니다. 한동안 NXP가 차량용 반도체 시장에서 1위를 차지하고 있다가 2020년에는 인피니언이 사이프러스를 인수하며 1위 타이틀을 되찾아 왔습니다.

인수 또는 합병을 추진할 때 특정 기업을 통째로 사오는 것이 아니라 반도체를 생산할 수 있는 설비만 인수하는 경우도 있습니다. 미국의 텍사스 인스트루먼트는 마이크론이 보유하고 있던 유타주의 리하이(Lehi) 지역의 생산 설비를 인수하고 이곳에서 차량용 반도체 혹은 산업용 반도체를 생산하며 매출 도약을 준비 중입니다. 삼성전자도 2016년에 차량용 서플라이 체인에 속한 하만을 인수했습니다. 앞으로 계속해서 차량용 반도체 관련 기업을 인수할 것이라는 기대감이 남아 있습니다.

차량용 반도체 중에서 가장 눈에 띄는 핵심 제품으로는 마이크로 컨트롤러 유닛(MCU)을 꼽을 수 있습니다. 차량용 반도체 시장에서 MCU는 30% 내외를 차지할 정도로 높은 비중이라고 할 수 있습니다. 다른 차량용 반도체도 있지만 굳이 MCU를 말씀드리는 이유는 MCU라고 불리는 반도체가 운전자 또는 탑승자의 차량 이용 경험을 편리하고 풍부하게 하도록 도와주기 때문입니다. MCU에 대해서는 앞서 비메모리 반도체에 관해 설명할 때 잠깐 말씀드렸습니다(범용 MCU의 기능 중에 일반적으로 알려진 것은 전기밥솥이나 세탁기의 타이머 기능입니다).

1개의 MCU가 어마어마한 기능을 담당하는 것은 아닙니다. 여러 종류의 근육을 통해 표정이나 몸동작이 하나하나 미세하게 달라지는 것처럼 각각의 MCU가 특정한 조건에 해당하는 상황에서 정해진 대로 각자의 역할을 하는 것일 뿐입니다. 주차할 때 경고음을 낸다거나 안전띠를 매지 않았을 때 소리가 난다거나 하는 것처럼 청각 신호를 보내는 것이 MCU의 역할입니다. 정해진 역할을 담당한다는 점을 고려하면 MCU는 비메모리 반도체 시장의 핵심 제품이라 할 수 있는 CPU와 비슷하지만 상대적으로 저전력, 저용량이라는 점에서 다릅니다. 네덜란드의 반도체 공급사 NXP는 이런 MCU를 만들고 있습니다. TSMC가 2021년 2분기부터 차량용 반도체 생산을 대폭 늘렸다고 발표했는데 그 제품도 대부분 차량용 MCU라고 알려져 있습니다.

차량용 반도체의 공급 부족은 언제부터 해결될 수 있을까요? 2021년 상반기까지만 하더라도 2021년 하반기부터는 완화될 것이라는 전망이 우세했습니다. 그러나 2022년 1분기 기준으로 차량용 반도체의 공급 부족은 해결될 기미가 아직 안 보입니다. 2022년 초에 중국에서 전개된 제로 코로나 정책은 차량용 반도체의 공급 부족을 더욱 가중시켰습니다. 전 세계적으로 잘 알려진 차량용 반도체 공급사의 후공정 협력사나 자회사가 중국에 자리 잡은 경우가 많았기 때문입니다. 후공정과 조립이 마무리되지 않으면 반도체는 완성되지 못합니다.

차량용 반도체의 공급 부족과 관련해 가장 보수적인 전망을 하는 곳은 인텔입니다. 인텔의 CEO는 2022년 4월에 실적을 발표하면서 반도체의 공급 부족은 2024년까지 이어질 것으로 예측

했습니다. 그밖에 대만에 반도체 후공정 서비스 공급사 ASE 테크놀로지 홀딩도 2023년까지 공급 부족이 이어질 것이라는 견해를 피력했습니다. 전방 산업에서 전기자동차와 자율주행차의 인기가 계속되는 이상, 차량용 반도체의 공급 부족은 계속 될 가능성이 큽니다. 이런 상황에서 공급 부족을 해결할 수 있는 열쇠를 쥐고 있는 곳은 NXP나 인피니언 같은 전통적 차량용 반도체 공급사가 아니라, TSMC나 UMC처럼 차량용 반도체 생산을 새롭게 늘리고 있는 비메모리 파운드리 공급 업체라고 봐야 합니다.

12

뉴스 읽기(5)

삼성전자는 대만이나
미국의 반도체 기업을
따라잡을 수 있을까요?

●

TSMC는 대만 상장 기업들 사이에서 시가총액 1위 기업이며 엔비디아는 글로벌 반도체 기업 중 시가총액 1위 기업입니다. 이 두 기업의 시가총액은 삼성전자 보통주의 시가총액보다 훨씬 큽니다. 반도체 기업의 가치를 시가총액의 관점으로 살펴본다면 삼성전자는 대만의 TSMC나 미국의 엔비디아를 넘어서기에는 아직 한참 모자란 것 같습니다. 삼성전자로서는 반도체 기업으로 아직 글로벌 증시에서 시가총액 1위를 하지 못한 것에 대해 상당한 아쉬움을 갖고 있습니다. 삼성전자의 도전을 살펴보겠습니다.

2018년에 미·중 무역분쟁이 본격화되고 나서 대만의 반도체 기업 TSMC와 미국의 반도체 기업 엔비디아의 시가총액은 오히려 커졌습니다. TSMC의 경우 주요 고객사인 중국의 화웨이가 미국 상무부로부터 무역 제재를 받았음에도 불구하고 다른 고객사들이 TSMC의 가동률을 높게 유지시켜 주면서 호실적을 달성할 수 있었습니다. 엔비디아도 무역분쟁 이후 잠시 주춤해질 거라는 전망이 있었지만 코로나 발발을 계기로 게임기 수요가 늘어나면서 일반적인 계절성(성수기, 비수기) 흐름과 무관하게 매출이 증가했고, 이러한 모습이 시가총액 상승에도 큰 영향을 끼쳤습니다.

그러면 앞서 제기했던 질문을 바꾸어 대만의 반도체 기업 중에서 TSMC를 뛰어넘을 수 있는 다른 반도체 기업이 있는지 생각해본다면, 그럴 가능성은 희박해 보입니다. 경쟁사로 UMC, PSMC 등이 있긴 하지만 경쟁사의 생산 규모는 TSMC보다 제한적이고 공정 기술은 TSMC보다 늦게 발전하고 있습니다. 아울러 TSMC의 매출 성장을 견인하는 고객사는 주로 미국의 반도체 기업이라는 점에서도 차이가 있습니다.

그럼, 미국으로 넘어가서 엔비디아는 계속해서 시가총액 1위를 유지할 수 있을까요? 대만의 TSMC와 마찬가지로 여기도 당분간 현재의 지위를 유지할 것 같습니다. 향후 엔비디아 실적을 이끌 분야는 자율주행차 관련 반도체 수요인데, 매출 비중이 아직 한 자리 숫자인 만큼 매출 비중이 확대되면 주가는 언제 어떻게 상승할지 모릅니다. 그리고 엔비디아는 중국의 전기차 기업들과도 원활한 관계를 유지하고 있어 시가총액의 레벨업에 대한 기대감은 큰 편이라고 말할 수 있습니다.

미국의 반도체 기업 중에 엔비디아만큼 시가총액이 뛰어오를 수 있는 기업이 있다면 어떤 기업이 있을까요? 시가총액이 100~200조 원 내외를 넘나드는 기업 중에 인텔, 브로드컴, 텍사스 인스트루먼트, ASML이 있습니다만, 이 중에서는 중장기적으로 ASML의 시가총액 상승이 가장 기대됩니다. 그 이유는 단순합니다. 반도체 미세화에 필요한 극자외선 노광 장비는 전 세계적으로 ASML만 만들 수 있고, 10나노미터 미만의 제품을 만들려면 ASML의 극자외선 노광 장비가 필수적으로 요구되기 때문입니다. 이는 메모리, 비메모리 반도체 모두 동일합니다(비메모리 반도체는 10나노미터 미만, 메모리 반도체인 DRAM은 15나노미터 미만). 한마디로 ASML은 지금도 장사가 잘되지만 앞으로도 더 많은 손님이 찾아올 기업입니다.

같은 질문을 한국 증시에도 던져보겠습니다. 이번에는 반도체가 아닌 다른 영역으로 범위를 좀 더 넓혀서 보겠습니다. 향후 10년 내에 삼성전자의 시가총액을 능가할 기업이 있을까요? 한국 증시에서 시가총액이 높은 기업 중에 2차전지 사업을 영위하는 기업이나 인터넷 플랫폼 기업의 경우 삼성전자와 시가총액의 격차를 좁힐 수 있는 기업이 나올 수 있습니다. 이 정도 말씀드리면, 대부분 LG에너지솔루션이나 네이버 정도를 떠올릴것 같습니다. 그럼에도 불구하고 삼성전자가 현재 잘하고 있는 메모리 분야 외에 비메모리 반도체 사업에 설비투자 확대를 계속한다면 삼성전자의 시가총액은 당분간 아무도 넘어서지 못할 것입니다. 그래서 저는 삼성전자가 시가총액 1위를 유지할 가능성이 크다고 생각합니다.

그렇다면 삼성전자의 시가총액이 TSMC나 엔비디아의 시가총액을 뛰어넘으려면 어떤 일이 벌어져야 할까요? 한 마디로 얘기해, 비메모리 반도체의 매출이 늘어나야 합니다. 그래서 TSMC의 시장 점유율을 따라잡아야 합니다. 이렇게 하기 위해서는 삼성전자가 비메모리 반도체의 생산 설비를 TSMC만큼 대규모로 늘려야 하고, 기존에 TSMC의 생산 설비를 이용하던 반도체 고객을 데리고 오면서 동시에 TSMC와 좋은 관계를 맺지 못한 반도체 고객까지도 자신의 고객으로 흡수해야 합니다.

무역분쟁 이전까지는 이런 것이 거의 불가능해 보였습니다. TSMC가 빠르게 증설을 전개하는 데 반해 삼성전자는 설비투자 금액의 대부분을 비메모리가 아니라 메모리 반도체에 할당했기 때문입니다. 메모리 반도체 시장에서도 점유율 경쟁이 있으므로 점유율을 지키려면 설비투자를 함부로 줄일 수가 없었습니다. 그러나 미·중 무역분쟁을 계기로 미국과 중국의 사이가 더욱 벌어지게 되면서 대만의 TSMC를 이용하던 비메모리 반도체 고객사들이 중화권을 벗어나 한국에 자리 잡고 있는 삼성전자에도 관심을 두기 시작했습니다. 이러한 현상은 삼성전자의 비메모리 반도체 사업의 위탁·제조 분야뿐만 아니라 반도체 후공정, 패키지 기판 등에서도 동일하게 일어나고 있는 일입니다. 즉, 그동안은 한국 반도체 공급망에 관심이 별로 없는 것처럼 보였던 해외 기업들이 한국 중소 반도체 기업에 증설을 요청하는 경우가 과거보다 많아지기 시작했습니다. 이 같은 일들이 중장기적으로 계속 이어진다면 삼성전자는 TSMC와의 시장 점유율 격차를 줄일 수 있게 되고, 결과적으로 시가총액 격차도 점점 줄어들게 될 것입니다.

삼성전자가 시가총액 격차를 줄일 수 있는 또 다른 방법은 비메모리 반도체 기업을 인수·합병하는 방법입니다. 대규모 설비 투자를 전개하든 인수·합병을 전개하든 비메모리 반도체 분야에서의 매출이 늘어나면 규모의 경제를 달성하며 TSMC와의 시가총액 격차를 줄일 수 있습니다.

그렇다면 엔비디아와의 격차는 어떻게 하면 줄일 수 있을까요? 이 질문은 TSMC 때와는 달리 금방 답변하기가 어렵습니다. 삼성전자와 엔비디아의 전방 산업은 성격이 많이 다르기 때문입니다. 엔비디아는 비메모리 반도체 사업을 영위하고 있지만 가장 큰 매출을 차지하는 것은 서버와 게임기 시장에서 판매되는 제품입니다. 삼성전자의 비메모리 반도체는 아직은 모바일 시장 수요에 좀 더 의존하고 있습니다. 삼성전자에서 만드는 스마트폰에 탑재되는 반도체로 내재화되어 양산 중이므로 모바일 비중이 높기도 하고, 삼성전자의 주요 고객사 중 하나인 퀄컴도 전사적으로 모바일 시장에서 높은 점유율을 유지하기 때문입니다.

전방산업을 서버인지, 게임인지, 모바일인지를 구분하는 것은 마치 어떤 맛집이 있는데 그곳의 주력 메뉴가 라면인지, 돈가스인지, 샌드위치인지 구분하는 것과 비슷합니다. 라면으로 유명한 맛집은 다른 식당에 비해 회전율이 높을 것입니다. 대신 객단가가 낮을 것입니다. 반면 돈가스로 유명한 집은 객단가는 높지만 라면보다는 회전율이 낮을 것입니다. 이런 경우 어느 집이 더 좋다 나쁘다를 말하기가 애매합니다. 그래서 특정 메뉴 하나만 보고서 두 집을 비교하는 것은 그다지 유의미하지가 않습니다. 마찬가지로 엔비디아와 삼성전자의 전방산업도 라면과 돈가스처럼 매우 다릅니다.

이처럼 삼성전자와 엔비디아는 전방산업의 색깔이 다른 맛집이지만 공통적인 점 하나는 양사의 중장기적 시가총액 확대를 견인할 수 있는 수요는 완성차 시장에서 나올 거라는 전망입니다. 그 이유는 완성차가 다른 완제품(스마트폰, 게임기, 서버, PC) 대비 아직은 고성능 반도체를 덜 사용하기 때문이고, 이를 역으로 생각하면 앞으로 더 많은 반도체가 완성차(자율주행차, 전기차)에 탑재될 가능성이 있기 때문입니다.

완성차가 다른 완제품(스마트폰, 게임기, 서버, PC) 대비 고성능 반도체를 상대적으로 덜 사용한다는 것은 여러 가지 지표를 통해 알 수 있습니다. 데이터 처리를 많이 해야 하는 IT 기기는 메모리 반도체 중 DRAM을 고용량으로 탑재합니다. 스마트폰 중에 고성능 스마트폰에서는 DRAM 용량이 8GB 또는 12GB까지 올라가는 경우가 있는데, 그만큼 데이터 처리를 많이 해야 하기 때문입니다. 그런데 완성차는 스마트폰이나 PC에 비해 DRAM을 상대적으로 적게 탑재합니다. 완성차의 기능이 아직은 데이터 프로세싱보다는 이동 수단의 기능에 좀 더 치중되어 있기 때문입니다. 따라서 앞으로 완성차가 완벽한 의미의 자율주행차가 된다면 지금보다 더 많은 반도체가 탑재될 것입니다.

일반적으로 승용차 한 대당 필요한 반도체는 400~500달러 수준입니다. 그러나 자율주행차가 되면 이보다 수십 배 규모의 반도체가 필요할지도 모릅니다. 차량용 반도체 공급사 중 한 곳인 온세미컨덕터(ON Semiconductor)의 발표에 따르면 자율주행차에는 카메라가 최대 28대 수준으로 필요하다고 합니다. 사실 지금으로서는 상상하기 어려운 수준입니다. 그런 세상이 된다면 엔비디아의 매출 중 차량용 반도체가 차지하는 비중은 점점 늘어날 것입니다. 이는 삼성전자의 경우에도 마찬가지입니다.

정리해보면 향후 삼성전자가 다른 반도체 상위 기업과의 시가총액 격차를 줄이는 방법은 차량용 반도체 시장에 얼마나 노출도를 늘릴 수 있는지, 차량용 반도체 매출을 얼마나 확보하는지에 달려 있다고 할 수 있습니다.

2부
반도체 시장 공부법

13

반도체 공부법

이공계 지식이 없습니다.
반도체 관련해서 어떻게
공부하면 좋을까요?

반도체 애널리스트로 일할 때 깊숙이 숨겨진 비밀스러운 정보를 활용하기보다는 공개된 정보를 주로 이용합니다. 삼성전자나 SK하이닉스의 뉴스룸을 참고하면 어려운 정보도 쉽게 설명해 놓은 자료가 많습니다. 실제로 애널리스트도 이런 정보를 스스로 공부해서 투자자들에게 설명하는 경우가 많습니다. 신기술이 등장거나 평소에 잘 접하지 않던 정보를 접했을 때 인내심을 갖고 인터넷 검색을 꼼꼼하게 해보는 습관이 중요합니다. 체계적인 접근 방식보다는 그때그때 모르는 것을 반드시 검색해보는 습관, 모르는 것을 제대로 이해할 때까지 꼼꼼하게 읽어보는 습관이 중요합니다.

반도체 산업에 관한 공부는 애널리스트로 일하는 제게도 큰 화두입니다. 저 역시 이공계 지식이 없다 보니 애널리스트로서 일하는 와중에 끊임없이 모르는 개념과 용어들과 씨름을 합니다. 그러다 보니 뭔가 어려운 개념이 해결되는 순간에는 고대 그리스 수학자 아르키메데스처럼 "유레카!"를 외치곤 합니다. 그리고 그런 날에는 더더욱 열심히 공부해야겠다고 다짐도 하게 됩니다. 물론 그러다 또 어려운 용어 등에 부딪히면 유레카고 뭐고 이러다 언제 퇴근할 수 있을까, 졸음은 밀려드는데 이해도 안 되는 자료를 계속 읽고 있어야 하나 말아야 하나, 그런 고민을 하기도 합니다.

주식 투자자이든 주식 투자자가 아니든 반도체 산업이나 기업에 관심을 갖고 공부를 시작하는 분이 계신다면 SK하이닉스의 뉴스룸(news.skhynix.co.kr)이나 삼성전자 반도체 이야기(samsungsemiconstory.com) 등 반도체 업종을 대표하는 기업들이 만든 소통 채널을 참고하는 것을 가장 먼저 권해드립니다. 그리고 투자자분들을 만나다 보면 잘 정리된 자료를 추천해달라는 요청을 많이 받는데, 그럴 때는 각 증권사 반도체 애널리스트들이 발간한 인뎁스 보고서를 참고하라고 얘기 드립니다. 제가 증권사 애널리스트라서 그렇게 말씀드리는 게 아니라, 애널리스트는 다수의 투자자를 상대로 글을 쓰고 발표하는 사람들이라 대중들이 원하는 포인트를 쉽게 잘 짚어주는 글을 쓰기 때문입니다.

화합물 반도체, 차량용 반도체 등 최근 유행하는 주제에 관해 공부하고 싶다면 이런 주제로 작성된 증권사 발간 자료가 가장 친절한 안내서입니다. 자료의 눈높이도 일반인들이 보기에 적당한 수준입니다. 제가 만약 개인적 사정으로 업계를 잠시 떠났다 다시 돌아와 애널리스트로 일한다면 각 증권사에서 발간된 보고서부터 읽을 것입니다.

그런데 증권사 발간 자료이든 각 채널의 게시글이든 아무리 쉽게 썼다 하더라도 처음 하는 공부라면 완벽하게 이해하는데 어려움을 겪는 게 당연합니다. 그래서 보고서를 읽다가 모르는 내용이 나왔을 때 계속해서 네이버나 구글 검색을 통해 확인을 이어가는 것이 필요합니다. 사실상 모르는 이야기가 나올 때마다 참을성을 갖고 인터넷 검색을 하거나 주변의 지인을 통해 내용을 확인하는 습관을 갖추는 것이 반도체 관련 양질의 자료를 찾아내는 것보다 훨씬 더 중요한 공부법이라고 할 수 있습니다. 이처럼 검색하는 습관은 반도체 업종을 잘 모르는 주식투자자뿐만 아니라 반도체 섹터를 담당하고 있는 애널리스트에게도 매우 중요한 습관입니다.

한국 반도체 주식에만 투자하던 분이 일본 소니(Sony)에도 관심을 두게 되었다고 가정해 보겠습니다. 소니는 음악, 영화 사업, 각종 전자 제품도 만들지만 카메라 이미지 센서도 만듭니다. 소니의 이미지 센서는 시장에서 1위를 차지할 정도로 기술력을 인정받고 있는 제품입니다. 그런데 그 투자자분이 이미지 센서에 대해 전혀 모른다고 해보겠습니다. 그러면 당장 검색창에 '이미지 센서'의 의미부터 검색해보아야 합니다. 그렇게 검색하면 삼성전자 뉴스룸에서 발행한 "찰칵! 빛을 디지털 이미지로 만드는 CMOS 이미지 센서(CIS)"라는 글을 보게 됩니다. 그런데 이때 삼성전자 말고 SK하이닉스에서 발행한 글도 보고 싶다는 생각이

들 수 있습니다. 그럼 검색창에 "SK하이닉스 반도체 블로그 카메라 이미지 센서"라고 입력합니다. 실제로 그렇게 검색하면 SK그룹의 채용 공식 블로그에 올라온 "스마트폰의 눈, 핫한 반도체 이미지 센서 탐구"라는 글을 볼 수 있습니다. 반도체에 문외한이었던 저도 처음에는 이런 식으로 하나하나 검색을 하며 공부를 시작했습니다.

이렇게 카메라 이미지 센서를 주제로 공부하고 나서 카메라 이미지 센서 시장 내에서 소니의 위상이 어떤지도 검색해봅니다. 검색창에 "소니 카메라 이미지 센서 점유율" 이렇게 검색하면 국내 언론에서 다룬 기사를 찾아볼 수 있습니다. 여기까지만 살펴보면 그리 어렵지 않은 것 같습니다. 그러나 이렇게 검색한 정보를 자신의 것으로 소화하고 더 나아가 대중적으로 알려지지 않았지만 관련 종목의 실적이나 주가 전망 같은 것까지도 찾아보기 위해서는 꾸준함을 갖고서 검색에 검색을 거듭하는 수밖에 없습니다. 그러면 우연이든 필연이든 어느 순간에 "유레카!"라고 외칠 때가 오고야 맙니다.

아마 이공계 지식을 갖추고 있거나 반도체 관련 공부를 해보신 분이라면 비전공자들이 TFT(Thin Film Transistor)나 MOSFET(Metal Oxide Semiconductor Field Effect Transistor) 같은 복잡한 용어를 들여다보다 "앗! 둘 다 결국 트랜지스터였구나!" "마지막에 붙은 T가 트랜지스터를 의미하는 것이구나!"라고 깨닫는 걸 보고서 웃음이 나올지도 모르겠습니다. 마치 카네이션과 장미를 앞에 놓고 한참을 생각하다가 "그래 맞아, 둘 다 꽃이었어(유레카)!"라고 외치는 것과 비슷하니 말입니다.

반도체 기업의 뉴스룸이나 블로그가 발전하지 않았을 때에는 일단 서점에 달려가 반도체 관련 서적을 사서 보는 것이 반도체 산업에 입문하는 사람들의 유일한 공부 수단이었습니다. 저도 처음에는 그렇게 공부했습니다. 사실 그때는 책을 읽어도 이해하기가 쉽지 않았습니다. 반도체 비전공자로서 파운드리(위탁제조)와 팹리스(설계)가 무엇인지도 구분하지 못하는 수준에서 반도체 전문가가 집필한 책을 읽으니 이해하지 못하는 것이 당연했습니다.

지금은 인터넷 검색이라는 편리한 수단이 있으니 공부하기가 얼마나 수월한지 모릅니다. 하지만 검색 결과에 올라오는 글들이 작성자에 따라 난이도나 깊이가 제각각이라 처음에는 이에 익숙해지는 것도 쉬운 일이 아닙니다. 이 말이 맞나 저 말이 맞나 싶기도 하고, 들쭉날쭉한 정보다 보니 체계적으로 정리되는 느낌도 없습니다. 하지만 분명히 말씀드리고 싶은 것은 제대로 이해는 하는 건가 싶다가도 계속 보다 보면 공통으로 언급되는 부분을 발견하게 되고 그런 것들이 점점 쌓이다 보면 공부가 된다는 것입니다.

검색 습관과 더불어 꼭 강조하고 싶은 것은 모르는 것이 생겼을 때 부끄러워하지 않고 누군가에게 질문하는 습관입니다. 2021년 초에 클럽하우스라고 불리는 음성 채팅 플랫폼이 한참 주목을 받을 때가 있었습니다. 이때 클럽하우스에 채팅룸을 만들어 놓고 미국의 반도체 기업인 퀄컴의 실적 발표 내용에 대해 여러 사람들과 대화를 나눌 기회가 있었는데, 그중 한 개인 투자자분께 본인 소개를 부탁드렸더니 그분은 카메라 렌즈를 유통하는 기업을 다니는 분이었습니다. 그래서 사회자 역할을 하고 있는 저는 그분에게 오랫동안 궁금해하던 질문을 던졌습니다. 질문 내용은 이런 것이었습니다.

"2016년에 일본 구마모토에서 지진이 발생했는데, 당시에 카메라 이미지 센서 1위 기업이던 소니의 시장 점유율이 크게 흔들리지 않았습니다. 구마모토의 지진 때문에 소니가 구마모토의 카메라 이미지 센서를 생산하는 설비에서 분명히 차질이 생겼을 텐데도 불구하고 시장 점유율에 이상이 없는 이유는 무엇 때문인가요? 지진과 같이 심각한 이벤트가 발생하더라도 시장 점유율은 잘 바뀌지 않는 것인가요?" 구마모토의 지진 발생 이후 쭉 궁금했던 사항인데 클럽하우스의 채팅룸에서 궁금증을 제대로 해결해줄 사람을 드디어 만난 것이었습니다.

제 질문에 대해 그분은 일본보다 오히려 동아시아의 다른 지역에서 천재지변이 발생할 때 카메라 이미지 센서 시장에 더 큰 영향을 준다고 알려주었습니다. 그리고 실제로 주요 부품이 유통되는 지역은 일본이 아니라 필리핀 같은 곳이라고 알려주었습니다. 그래서 일본에 지진이 발생하는 경우보다 필리핀에서 천재지변이 생기는 것이 카메라 관련 부품의 공급 부족을 유발할 가능성이 크다고 했습니다. 만약 5년 전 제가 일본 지진 발발 당시 궁금해하던 내용을 잊고 있었다면 클럽하우스의 채팅룸에서 질문할 생각도 못했을 것이고, 잠깐 스쳐 지나가는 누군가로부터 궁금함을 해결할 수도 없었을 것입니다.

검색과 질문 다음으로는 어떤 방식이 더 있을까요? 주식 투자를 하고 있다는 것을 전제로 한다면, 매수한 종목이나 앞으로 매수할 기업의 발표 자료 혹은 경쟁사의 자료를 참고하는 것이 좋습니다. SK하이닉스에 관심이 있다면 SK하이닉스의 경쟁사인 마이크론의 실적 발표 자료를 살펴보면 업황과 관련된 유익한 정보를 얻을 수 있습니다. 차량용 반도체 시장에 관심이 있다면 세계 1, 2위를 다투는 독일의 인피니언이나 네덜란드의 NXP의 실적 발표 자료를 살펴보는 게 좋습니다. 이런 자료는 각 회사 홈페이지에서 IR Material이라고 부르는 투자자 참고 자료를 검색해보면 쉽게 찾을 수 있습니다. 대부분 PDF 형식으로 되어 있어 스마트폰에서도 쉽게 열어볼 수 있습니다. 엔비디아의 IR Material을 찾고 싶으면 구글 크롬 검색창에서 "nVidia ir material"이라고 입력하면 바로 "Events and Presentations - nVidia Investor Relations"이라는 검색 결과를 맨 상위에서 볼 수 있는데, 여기를 클릭하면 IR Material 관련 자료를 확인할 수 있습니다.

이런 개별 기업 자료는 웬만한 산업 자료보다도 훨씬 자세하게 나와 있습니다. 제가 2018년에 반도체와 더불어 정유·화학 업종을 잠시 같이 담당했던 적이 있습니다. 업무를 인계하는 선임 애널리스트에게 정유·화학 업종의 기초부터 공부하는 방법에 대해 물었더니 놀랍게도 제가 반도체 업종을 공부할 때 접근하던 방식과 똑같았습니다. 즉, 글로벌 시장을 선도하는 정유·화학 기업의 홈페이지와 실적 발표 자료를 공부하는 방식이었습니다. 기초적인 지식에 접근하고 공부하는 방식은 어느 업종이나 유사하다는 점에서 무척 흥미로웠습니다. 다만 정유·화학이든 반도체이든 글로벌 시장의 상위권 기업들은 대부분 해외 기업이다보니 자료가 영문이고, 영어 독해력이 필요하다는 것이 일반인으로서 접근하기 아쉬운 점이긴 합니다. 그런 관점에서 보면 삼성전자의 반도체 블로그나 SK하이닉스의 뉴스룸에 올라오는 정보가 얼마나 소중한지 알 수 있습니다.

영어 실력이 부족하다고 해서 아예 반도체 공부를 못하는 것은 아닙니다. 예를 들어 TSMC를 비롯해 비메모리 반도체 기업과 산업 현황에 대해 알고 싶다면 "국내 파운드리 업체"를 검색하고 관련 기업들을 살펴보면 됩니다. 그러면 삼성전자 외에도 DB하이텍이라는 회사가 보이는데, 이 회사의 사업 보고서나 분기 보고서를 참고하면 TSMC는 물론이고 삼성전자의 비메모리 분야의 사업 현황 그리고 비메모리 반도체 산업 전체에 대한 유익한 정보를 얻을 수 있습니다. 그러니 TSMC나 엔비디아 자료가 영어라서 공부할 방법이 없다고 생각하지 말고 이들 기업의 주력 분야를 확인하고, 이 분야의 국내 상장 기업이 있는지 살펴서 그 기업의 자료를 구하는 방식을 활용하면 좋습니다. 그런데 만약 우리나라에 그 분야에 해당하는 기업이 없다면, "차량용 반도체 수혜주"라고 검색해 보거나 "비메모리 반도체 수혜주" 혹은 "파운드리 관련주"로 검색해서 국내 기업을 하나씩 찾아 들어가서 회사 홈페이지나 각종 공시 자료들을 살펴보는 방법이 있습니다.

그리고 그렇게 찾아낸 발표 자료들을 보다 보면 회사마다 제공하는 자료의 깊이나 내용의 차이가 느껴집니다. 공시 자료도 잘 만드는 기업과 그렇지 않은 기업이 있습니다. 예를 들어 파운드리 업종을 공부할 때 국외 기업 중에서는 TSMC, UMC, SMIC

의 실적 발표 자료를 참고하는 것이 중요한데, 이중 UMC의 자료가 비교적 자세하게 나오는 편입니다. UMC의 자료가 가장 자세하다는 것을 처음부터 누군가가 알려주지는 않습니다. 동종 업종의 여러 기업 자료를 비교해서 보면서 결국은 스스로 깨달아야 합니다. UMC는 매출에 영향을 끼치는 생산 능력과 제품 가격에 대해 비교적 자세한 수치를 공개하는 반면 TSMC의 자료에는 그런 내용이 잘 표기되지 않습니다. 그래서 TSMC의 실적 발표 자료는 말 그대로 실적을 확인하는 용도로만 활용합니다. 이처럼 개별 기업의 보고서를 이해하고 보고서의 성격과 패턴을 익히는 데에도 어느 정도의 시간과 노력이 필요합니다. 즉, 스스로 깨닫는 시간이 어느 정도는 필요하다는 뜻입니다.

그 밖에 트위터나 유튜브를 활용하는 방법도 있습니다. 예를 들어, 2021년 1월 인텔에 새 CEO 패트릭 겔싱어가 부임했습니다. 부임 후 진행하는 첫 실적 발표 콘퍼런스콜에서 그가 어떤 얘기를 할지 저는 미리 짐작 가는 부분이 있었습니다. 물론 제가 그 분과 개인적 친분이 있거나 인텔에 죽마고우가 있어서 그런 것은 아닙니다. 저는 이분이 인텔 CEO로 부임하기 전 구글 직원들을 대상으로 진행했던 북콘서트 영상 그리고 이분의 트위터 게시물을 통해 어떤 배경에서 태어났고 평상시에 어떤 가치관을 갖고 살아왔는지 얼추 짐작할 수가 있었습니다(책임감과 애국심이 강한 스타일입니다). 이렇게 주말에 두 시간 정도 시간을 내서 이런저런 정보들을 점검하다 보니, 인텔의 1분기 실적 발표 시간에 애널리스트들의 질문(이 아니라 사실상 공격이었습니다)에 신임 CEO가 어떻게 답할지도 어느 정도 예상이 가능했습니다.

제가 예상했던 스토리는 다음과 같았습니다. 인텔의 신임 CEO는 책임감과 애국심이 강하기 때문에 국외 반도체 기업인 TSMC나 삼성전자에 의존한다는 인상을 전혀 주지 않을 것이라는 점, 오히려 인텔 내부적으로 직면한 문제를 인텔 스스로 해결하겠다는 메시지를 낼 것이라는 점이었습니다. 그렇게 예상하고 나니 동종 업종에서 인텔이 앞으로 어떤 전략을 취할지 그리고 중장기적으로 인텔과 경쟁하는 대만의 TSMC나 한국의 삼성전자와 어떤 관계를 유지할지도 파악이 가능했습니다. 즉, 인텔의 신임 CEO와 관련된 내용을 유튜브 동영상이나 트위터를 통해 확인한 것이 실제적으로 인텔의 전략을 이해하는 데 도움이 되었고, 이는 결과적으로 TSMC나 삼성전자의 방향성 분석에도 큰 도움이 되었다고 할 수 있습니다.

이공계 지식이 없지만 반도체에 관심을 두고 공부하는 독자분들에게 마지막으로 당부드리고 싶은 말씀은 공부하다가 잘 이해가 되지 않더라도 실망하지 않고 자존감을 잘 유지해 달라는 말씀입니다. 반도체 산업을 주제로 공부하거나 개별 기업에 대

해 알아가다 보면 이런 것까지 내가 알아야 하나 싶은 정도로 복
잡한 것도 많고, 인텔처럼 잘 알려진 기업이라 할지라도 완전히
처음 보는 신기술이 자료에 소개되기도 합니다. 그런 부분은 애
널리스트인 저조차도 읽고 해석하는 데 많은 시간을 쏟을 수밖
에 없습니다.

그렇게 무엇인가 처음 접하고 막막하고 어렵게 느껴지는 감
정은 오랫동안 이 분야의 정보를 접했던 애널리스트도 똑같이
느낍니다. 더군다나 일반 투자자라면 누구나 느끼는 자연스러운
감정입니다. 마찬가지로 애널리스트 보조 업무를 이제 막 시작
한 후배들과도 삼성전자 미팅에 다녀오거나 글로벌 반도체 기업
의 실적 발표 자료를 같이 살펴보고 나면 이구동성으로 어렵다
는 말을 합니다. 어떤 내용은 필기해서 정리하는 것조차도 힘들
어 좌절감이 느껴진다고 합니다. 아마도 애널리스트가 되기 위
해 학창 시절부터 많은 준비를 했고 그 과정에서 학생으로서 또
는 취업준비생으로서 사회적으로 요구되는 여러 가지 준비를 꾸
준히 해왔음에도 열성과 노력만으로는 단기간에 감당할 수 없는
거대한 벽을 만났것 같은 기분 때문일 것입니다.

저도 처음 시작할 때는 마찬가지였습니다. 제가 애널리스트
일을 하고 나서 삼성전자 실적 발표 내용을 정리했을 때 전체 내
용 중 20% 정도만 간신히 이해했던 기억이 납니다. 그로부터 10

년이 넘게 흘렀는데도 아직 100% 완벽하게 이해한다고 말하기는 어렵습니다. 처음으로 탐방을 가보는 기업에서 새로운 내용의 정보를 접하게 되면 그것을 제대로 이해하는 수준이 전체 내용의 50%를 넘기지 못할 때도 많습니다. 이럴 때면, 예전에는 당황하기도 했지만 지금은 그냥 철면피 같은 마음으로 "반도체는 어차피 이해하기 어려운 산업이다. 내가 이해하기 힘들면 남들도 당연히 이해하기 힘들다. 그러니까 스트레스를 받지 말자"라고 위안하며 탐방 기업과의 대화에 집중합니다.

반도체 업종과 친해지려면 호기심과 인내심이 무엇보다 중요합니다. 단기간에 반도체 산업에 대한 지식을 갖추기는 어렵지만 누구에게나 공개된 자료가 가장 도움이 된다는 의외의 사실을 잊지 마시고 즐거운 마음으로 자존감을 지키며 공부하시기 바랍니다. 저도 제가 읽어야 하는 자료의 마지막 페이지를 읽을 때까지 정서적으로 지치지 않으려고 언제나 노력을 다 합니다.

14

애널리스트의 공부법

반도체 애널리스트는
시장 공부와 기업 분석을
어떻게 하나요?

여러 보고서가 있지만 산업별 보고서보다는 개별 반도체 기업에서 발행하는 보고서에 가장 많이 의존합니다. 사업 보고서와 홈페이지의 제품 소개 자료, 금융감독원 전자 공시 등을 많이 챙겨봅니다. 그리고 여건이 된다면 기업 탐방을 직접 다녀오는 것도 유용합니다. 문서에서는 알 수 없는 것들을 보고, 듣고, 느낄 수 있기 때문입니다. 국외 반도체 기업의 경우에는 기업 방문이 현실적으로 어렵기 때문에 실적 발표 자료를 주로 참고합니다. 특히 실적 발표 이후 인터넷에 공개되는 콘퍼런스콜 스크립트를 꼼꼼하게 확인합니다.

제가 처음 반도체 애널리스트로 업무를 준비할 때는 반도체 산업 관련 자료를 많이 참고했습니다. 제가 반도체를 전공한 것이 아니기 때문에 애널리스트로서 배경지식이 모자란다는 약점을 극복하려면 당연히 산업 자료를 많이 읽고 이해해야 한다고 생각했습니다. 그래서 반도체 공정이나 기술 용어를 이해하고 암기하는 데 공을 들였습니다. 그러다가 산업 자료보다 개별 기업 자료가 오히려 더 도움이 된다는 것을 깨닫고부터는 조금은 드물게 살펴보는 편입니다.

반도체 엔지니어들을 위한 공정 교육에 참석한 일이 있습니다. 교육을 듣다 보니 반도체 산업에 관련된 지식이 중요하기는 하지만, 100% 다 알 필요는 없겠다 싶은 생각을 하게 되었습니다. 그렇게 생각하게 된 계기는 반도체 공정 교육에서 언급된 반도체 공정의 소재, 부품, 장비 중 아직 국산화가 되지 않은 제품이 많았고 주가에 끼칠 영향을 고려한다면 굳이 그 분야까지 꼼꼼하게 공부한다 하더라도 단기적으로 활용할 기회가 거의 없다는 것을 깨달았기 때문입니다(애널리스트 입장에서는). 그래서 그 이후로는 반도체 산업 쪽에서 내놓는 자료보다는 개별 기업에 관련한 자료를 읽고 이해하는 데 더 많은 시간을 쓰고 있습니다. 특히 분기 실적 발표 시즌에는 마이크론, 인텔, 엔비디아 등 국외 기업의 실적 발표 자료와 실적 콘퍼런스콜 스크립트 내용을 반드시 확인합니다.

최근에 차량용 반도체 공급이 부족하다는 뉴스가 계속 등장합니다. 그런 경우 처음에는 관련 산업의 동향을 이해하기 위해 관련 뉴스를 주로 검색했지만, 지금은 차량용 반도체를 공급하는 기업의 실적 발표 자료나 홈페이지 자료를 주로 참고합니다. 예를 들면 텍사스 인스트루먼트의 실적 콘퍼런스콜 자료를 읽어봅니다. 그리고 가능하면 해당 기업 혹은 꼭 그 기업이 아니더라도 업계에 계신 분들과의 인터뷰를 추진합니다. 차량용 반도체 시장을 주도하는 기업은 인피니언, NXP, 온세미컨덕터 등 국외 기업인데 실적 발표 내용을 확인한 후 관련 업계에 종사하는 분과 잠시라도 대화했던 경험이 차량용 반도체의 공급 부족 상황을 이해하고 업황을 전망하는 데 도움이 되었습니다.

아울러 차량용 반도체를 생산하기는 하지만 매출 비중이 낮은 기업들도 있는데 그런 기업은 나름대로 왜 굳이 차량용 반도체의 비중을 빠르게 늘리지 않는지 알아보는 과정에서 중요한 정보를 얻을 수도 있습니다. 예를 들면 다음과 같은 정보들입니다. 차량용 반도체를 생산하기 위해서는 노광 공정을 담당하는 반도체 장비가 필요한데 그 장비를 주문해서 받기까지는 1년 정도가 걸린다는 것, 또한 차량용 반도체 생산 설비를 증설하는 경우 웨이퍼 1만 장을 처리할 정도의 생산 능력이 필요한데 그러려면 수천억 원이 필요하다는 것 등입니다. 이처럼 많은 시간과 비용이 필요하다 보니 경제적 효익이 떨어져 차량용 반도체의 수요가 늘고 있긴 하지만 쉽사리 생산 설비를 증설하지 못한다는 것 등도 알게 되었습니다.

이런 것들을 알고 나면 차량용 반도체 공급 부족이 당분간 쉽게 해결되지 않고 이어질 것이라는 결론도 내릴 수 있습니다. 실제 이렇게 리서치를 해본 경험을 바탕으로 해서 2021년 1월에 동료 애널리스트들과 함께 〈차량용 반도체 17문 17답〉이라는 자료를 발간하기도 했습니다. 그리고 조심스러운 마음으로 기관 투자자를 위한 설명회를 줌(Zoom)으로 개최했는데 행사 당일 공지했음에도 불구하고 무려 400명 이상의 투자자가 참석하는 바람에 깜짝 놀란 적이 있습니다.

개별 기업에서 흘러나오는 정보 중 회사 홍보나 영업을 목적으로 발행되는 정보들은 해당 기업을 잘 모르는 사람이 보더라도 이해하기가 쉽거나 직관적인 경우가 많습니다. 예를 들어 제가 모바일 월드 콩그레스라고 불리는 전시회에서 퀄컴의 부스를 방문한 적이 있습니다. 당시에는 스마트폰의 급속 충전을 지원하는 반도체가 개발되어 보급되기 직전이었습니다. 따라서 급속 충전 기술에 대한 정보가 많이 알려지기 전 상황이었습니다. 제가 만났던 퀄컴의 직원은 급속 충전의 원리를 이렇게 설명을 해 줬습니다. 급속 충전을 하지 않을 때에는 수도꼭지에서 물이 천천히 나오는 것과 비슷하고, 급속 충전할 때에는 수도꼭지를 세게 틀어 물이 빠르게 쏟아지는 것과 유사하다고 했습니다. 사실상 전압을 높여 단시간에 전류가 많이 흐르도록 한다는 내용이었지만 이를 수도꼭지에서 물이 떨어지는 것에 비유해 설명해주니 너무나 쉽게 이해할 수 있었습니다. 이런 식의 설명은 대중을 대상으로 하는 콘퍼런스나 박람회 같은 곳에서 쉽게 들을 수 있습니다.

제가 애널리스트로서 경력을 시작했을 때와 비교해보면 지금은 각 개인이 기업 정보에 접근할 수 있는 방법이 더욱 다양해지고 많아졌습니다. 그만큼 정보가 유통되는 채널이나 경로도 함께 다양해졌다고 할 수 있습니다.

제가 애널리스트로 커버했던 기업 중 리노공업이라는 반도체 검사에 필요한 부품을 제작 공급하는 회사가 있습니다. 이 회사에 관해 공부하려면 홈페이지, 네이버 증권 사이트, 금융감독원 전자 공시 사이트에서 회사 이름을 검색해보면 됩니다. 이는 애널리스트인 저뿐만 아니라 누구나 쉽게 구할 수 있는 자료입니다. 만약 제가 리노공업 기업 분석 자료를 쓰기 전에 단 10분의 시간이 주어지고 그 시간에 사업 보고서, 홈페이지, 무역 통계 중에 단 하나만 확인할 수 있다고 한다면 저는 전자 공시 시스템에 게시되어 있는 사업 보고서(혹은 분기 보고서, 반기 보고서)를 읽을 것 같습니다.

그러면 애널리스트는 일반 투자자보다 정보 접근에 있어 어떤 점이 다를까요? 아무래도 가장 큰 차이는 기업 탐방을 좀 더 쉽게 다녀올 수 있느냐 없느냐인 것 같습니다. 애널리스트는 개별 기업을 비교적 자유롭게 탐방할 수 있습니다. 이를 통해 기업의 중요 정보를 얻기도 합니다. 물론 모든 상장 기업이 기업 탐방이나 미팅을 허락하는 것은 아닙니다. 그래도 기업에 연락해서 애널리스트라는 점을 밝히면 많은 기업들이 탐방을 허락해

줍니다. 전화나 이메일로 탐방 요청했을 때 바로 답장이 올 때가 있는데 그때는 같은 직장인의 관점에서 담당자 분에게 고마움을 느끼기도 하고 이렇게 쉽게 미팅을 잡았다는 점 때문에 애널리스트로 일하는 것에 대해 자부심을 느끼기도 합니다.

제가 애널리스트로 회사를 옮기고 3년 차 되던 해에 업무 스트레스로 병가를 낸 적이 있습니다. 그때 집에서 여러 가지 고민을 했습니다. 애널리스트로 계속 일하는 게 맞는지 아니면 그만 둬야 하는지, 기존 경력과 완전히 다른 분야로 이직해본 직장인이라면 누구나 해볼 법한 고민을 저도 하고 있었습니다. 그런데 그런 골치 아픈 생각을 하면서도 출근하게 되면 몸이 아프더라도 기업 탐방을 꼭 다녀와야겠다고 생각했습니다. 개인적으로는 호기심이 많고 새로운 정보를 얻는 것에 관심이 많아 그렇게 아픈 상황에서도 기업 탐방을 유독 그리워했던 것 같습니다.

앞서 예를 들었던 리노공업의 경우 이직률이 매우 낮은 회사로 알려져 있습니다. 사업 보고서에는 이직률이 정확하게 표시되어 있지 않습니다. 전체 임직원 수 등 매우 제한적인 정보만 나와 있습니다. 그러나 기업 탐방을 가보게 되면 이직률이 낮을 것이라는 이유를 자연스럽게 몸으로 느낄 수 있습니다. 회사 입구 경비실에서 방문 등록을 확인하고 인사를 나눌 때, 건물 앞 잔디밭이 말끔하게 정리되어 있는 것을 볼 때, 저와 인사를 나눈 담당자분이 복도를 걸어가면서 다른 직원들과 정답게 인사를 나누는 모습을 볼 때 등 여러 가지 점에서 이직률이 낮은 이유를 알 수 있었습니다.

사업 보고서에는 표시되지 않는 것들은 실제로 만나보고 부딪히면서 알게 됩니다. 그래서 저는 기업 탐방을 자주 가려고 노력합니다. 리노공업은 부산에 있습니다. 부산역에서 택시를 타고 40분 정도 더 들어가야 하므로 리노공업에 다녀오려면 하루 온전히 시간을 내서 출장을 다녀와야 합니다. 저는 2013년의 마지막 날(주식시장이 쉬는 날) 처음으로 리노공업에 다녀왔습니다. 벼르고 벼르다가 작정하고 다녀왔기 때문에 당시에 예약했던 KTX 탑승권을 사진으로 찍어서 기념품처럼 저장도 해놓고 가끔 꺼내보곤 합니다.

해외 기업의 경우에는 국내처럼 훌쩍 기업 탐방을 다녀오는 것이 물리적으로 어렵습니다. 저는 운이 좋게도 대만의 반도체 기업(미디어텍, 이노테라) 두 곳을 탐방한 적 있고, 미국에서는 마이크론과 엔비디아의 그룹 미팅에 참석한 적이 있습니다. 거의 하늘의 별 따기 수준으로 흔치 않은 기회였는데 많은 분들의 도움과 배려로 해외 반도체 기업과 미팅까지도 할 수 있었습니다. 미디어텍 탐방 때에는 끝내고 나오다가 중간에 택시를 잡지 못해 발을 동동 굴렀던 기억도 납니다. 그때는 지금처럼 차량 공유 서비스가 흔치 않던 시절이었습니다. 마치 외국인이 평택이나 천안 근처의 반도체 기업 탐방에 나섰다 서울로 돌아오는 것과 비슷했습니다. 겨우 택시를 잡고 밤늦게 숙소로 돌아왔는데, 그럼에도 미디어텍을 다녀왔다는 것만으로 너무나 행복한 밤이었습니다.

애널리스트로서뿐만 아니라 개인적으로도 관심이 많은 엔비디아, ASML, TSMC의 경우 분기마다 실적 발표를 하는데 이들의 실적 발표를 리뷰하면서 가장 많이 의존하는 자료는 콘퍼런스콜 스크립트입니다. 예전에는 이런 자료가 유료였기도 하고, 스크립트 자체를 구하는 게 너무 어려운 일이었습니다. 그러나 지금은 누구나 볼 수 있는 자료로 대부분 공개되어 있어 쉽게 검색해서 얻을 수 있습니다. 오히려 정말 힘든 것은 스크립트 자료를 인내심 있게 마지막 페이지까지 읽는 것입니다. 콘퍼런스콜이 한 시간 정도 진행되었다면 스크립트는 A4 용지 기준으로 20장 이상 분량인 경우가 대부분입니다. 저는 직업적 의무감 때문에 되도록 마지막 페이지까지 읽기는 하지만 영어로 된 자료를 읽는 것은 의무감을 넘어서 인내심을 필요로 합니다. 그래서 콘퍼런스콜 스크립트는 점심 먹고 나서 오후에 읽으면 졸리기 때문에 되도록이면 아침에 읽으려고 합니다.

스크립트를 찾는 법은 간단합니다. 구글 검색창에서 'nVidia

earnings transcript'를 입력하면 최신 스크립트를 찾아볼 수 있습니다. 지금도 이 글을 쓰면서 검색을 해봤습니다. 검색 결과 상단에 'nVidia Corporation(NVDA) Q4 2022 Earnings Call Transcript'라고 나옵니다. 2022년 5월에 진행된 실적 발표 내용입니다. 미국의 반도체 기업은 실적 발표 내용을 스크립트뿐만 아니라 보도자료(Press Release), 투자자용 자료(Investor Relations Material) 등의 형태로 다양하게 전달합니다. 자본주의가 오랫동안 뿌리를 내리고 있는 미국의 경우 주주들을 대상으로 하는 각종 정보나 자료 공개에 무척 진심인 편입니다. 영어로 된 문서를 읽는 것에 큰 부담을 느끼지 않는다면 이런 자료들이 해당 기업과 산업 전체를 이해하는 데에 큰 도움을 줍니다.

15

기업 공부법

지금 삼성전자를 사서
5년 이상 보유하면 오를까요?

삼성전자에 관한 질문은 반도체 애널리스트로 일하면서 가장 많이 받는 질문입니다. 지금 사도 돼요? 언제 사면 좋을까요? 차라리 경쟁사 TSMC 주식을 사는 게 더 나을까요? 등등의 질문을 받습니다. 이렇게 질문이 쏟아지는 이유는 설명을 안 드려도 독자분들이 이미 너무 잘 아실 것 같습니다. 삼성전자가 우리나라에서 시가총액 1위 기업이고 글로벌 경쟁력을 가진 기업 중 한 곳이기 때문입니다. 그럼 지금부터 삼성전자를 두고 어떻게 공부해야 하는지 구체적으로 살펴보도록 하겠습니다.

제가 애널리스트로서 막 데뷔했을 때, 삼성전자를 언제 사야 하느냐, 얼마나 보유해야 하느냐, 앞으로 오를 거냐 말 거냐 등 이런 질문을 받게 되면 한동안은 '오릅니다' 혹은 '떨어집니다' 이렇게 단답형으로 대답했습니다. 마치 OX 퀴즈에서 정답을 맞히려는 사람처럼 대답했습니다. 그런데 요즘은 질문한 상대방이 어떤 투자 경험이 있는지 살펴보고 그에 따라 답변을 달리하는 편입니다.

주식 투자 경험이 많지 않고, 국외 주식 매매도 해보지 않은 분이 삼성전자를 5년 보유하겠다는 아이디어에 관해 물어보면 저는 주가가 오를 것이라고 답변할 것입니다. 그렇게 답변하는 가장 큰 이유는 삼성전자가 비메모리 반도체 분야와 메모리 반도체 분야에서 각각 이익 안정세와 이익 성장세를 보여줄 것으로 믿기 때문입니다.

비메모리 반도체 분야에서 7나노미터 또는 5나노미터 선단(첨단) 공정은 TSMC와 삼성전자에서만 가능합니다. 《오징어게임》의 거의 마지막 단계에서 살아남은 2개 기업 외에 다른 기업이 끼어들기는 물리적으로 불가능해 보입니다. 물론 반도체 업종에서 영원한 것은 없지만 그래도 일단 이렇게 답변을 드립니다.

메모리 반도체의 업황도 비메모리 반도체의 업황처럼 살아남은 공급사들이 해피 엔딩을 누릴 가능성이 커지고 있습니다. DRAM 메모리 반도체를 미세 공정으로 양산하는 것이 어려워졌기 때문입니다. 고가의 장비도 있어야 합니다. 14나노미터 이하에서 DRAM 메모리 반도체를 제한된 시간 안에 생산하려면 고가의 극자외선 노광 장비가 필요합니다. 신형 장비의 가격은 한 대에 3,000억 원 내외입니다. 차세대 장비의 가격은 5,000억 원 내외입니다. 대규모 설비투자 비용을 중장기적으로 감당할 회사는 제한적일 수밖에 없습니다. 따라서 극자외선 노광 장비를 많이 살 수 있는 기업과 그렇지 못한 기업의 격차는 점점 벌어질 수밖에 없습니다. 중장기적으로 DRAM 생산 속도가 느려지고 공급이 부족해지면 DRAM 가격은 상승할 것입니다. 그렇게 되면 삼성전자는 DRAM 공급사로서 슈퍼 사이클에 진입하는 기쁨을 맛보게 될 것입니다. 마치 비메모리 반도체 제조업에서 TSMC가 선단 공정에서 슈퍼 사이클의 수혜를 누리는 것과 유사합니다.

물론 삼성전자에 대한 이와 같은 전망은 언제든 흔들릴 수 있습니다. 삼성전자에 대해 2013년부터 글을 써왔던 저조차도 삼성전자에 관한 생각이 매일매일 바뀝니다. 긍정적 코멘트를 작성하거나 목표가격을 상향 조정한 다음 날 주가가 하락하거나 상승하지 못하고 있으면 온갖 생각들이 하루 종일 머리를 떠나지 않습니다. 너무 긍정적으로 쓴 것일까? 혹시 나이가 들어서 할머니 애널리스트가 된 다음에야 DRAM 메모리 반도체 업종이 슈퍼 사이클에 진입하면 어떡하지? DRAM 메모리 반도체 업종이 철강 업종이나 석유화학 업종처럼 경기 민감 업종의 모습을 벗어나지 못하면 어떡하지? 반대로 삼성전자에 대해 긍정적 내용의 자료를 발간한 다음 날, 주가가 오르면 세상을 다 가진 것처럼 기분이 좋아집니다. 만나기로 한 손님이 약속에 늦어도 좋고 기분 나쁜 일이 생겨도 화내지 않고 지나갈 수 있습니다. 오랜만에 친구로부터 전화가 와도 삼성전자 때문에 궁금해서 전화했냐며 반갑게 통화할 수도 있습니다. 이렇게 반도체 애널리스트도 주가를 맞추기 어렵고 항상 일희일비하며 울고 웃습니다.

투자 경험이 어느 정도 있는 상태에서 삼성전자의 5년 주가 전망을 물어보는 분들에게는 좋은 이야기는 삼가고, 오히려 안 좋은 이야기를 더 많이 합니다. 왜냐하면 제 친구가 새로 연애를 시작하면서 5년 후에 이 사람하고 결혼하려고 하는데 "괜찮을 것 같아, 그냥 결혼해"라고 속 시원하게 대답하기는 어렵기 때문입니다. 정말로 그렇게 묻는 친구가 있다면 연애는 시작하되 연애할 사람에 대해서는 최대한 자세히 잘 알아보고 하라고 충고하고 싶습니다. 여기서 잘 알아본다는 것의 의미는 다음과 같습니다. 삼성전자라는 집에 매우 많은 방이 있고 방마다 적어도 한 번씩은 들어가 보라는 것입니다.

노벨 문학상 수상 작가 가즈오 이시구로의 신작 소설 『클라라와 태양』에 보면 어떤 대상을 집에 비유하는 장면이 나옵니다. 소설의 주인공 클라라는 사람이 아니라 인공지능 로봇이자 어린이들의 친구입니다. 클라라는 사람은 아니지만 자신을 친구로 삼은 어린이의 마음을 이해하기 위해 노력을 기울이는데, 이렇게 표현합니다. "방이 아주 많은 집하고 비슷할 것 같아요. 그렇긴 하지만 시간이 충분히 주어지고 열심히 노력한다면 이 방들을 전부 돌아다니면서 차례로 신중하게 연구해서 자기 집처럼 익숙하게 만들 수 있을 거예요."

삼성전자도 이렇게 방이 많은 집과 비슷합니다. 주가에 영향을 끼치는 변수들은 각 방에 하나씩 숨어 있습니다. 삼성전자를 바라보고 있는 수많은 투자자에 따라 없었던 방이 새로 생겨나기도 하고 컸던 방이 작아지기도 합니다. 2013년 삼성전자가 갤럭시 S4를 판매하기 시작했을 때만 해도 삼성전자 모바일 사업부의 실적이 주가에 큰 영향을 끼쳤습니다. 스마트폰 신제품이 잘 안 팔리면 삼성전자의 실적이 발표되기도 전에 주가가 이를 선반영해 부정적으로 움직였습니다. 그러나 지금은 그렇지 않습니다. 모바일 사업부 실적보다 반도체 사업부 실적이 주가에 더 큰 영향을 미칩니다. 이처럼 투자자들의 시선에 따라 방의 구조와 크기는 달라집니다.

잠깐 삼성전자의 모바일 사업부의 실적을 살펴볼까요? 코로나 영향이 컸던 시기가 두 번 있었는데 영업이익의 규모는 완전히 다릅니다. 코로나가 처음 발발한 이후 2020년 2분기 모바일 사업부 영업이익은 1.9조 원이었습니다. 그런데 코로나 변이 바이러스의 영향이 컸던 2021년 2분기는 어떨까요? 3.2조 원을 기록하며 훨씬 나아졌습니다. 이 시기에는 베트남과 인도의 셧다운 영향이 있었음에도 비용 절감 등에 힘을 입어 영업이익 규모는 66%나 증가했습니다. 하지만 안타깝게도 이 같은 실적은 주가에 별다른 영향을 미치지 못했습니다. 반면에 반도체 부문의 이익 추정치 변화가 주가에 더 큰 영향을 끼쳤습니다. 왜냐면 모바일 부문의 영업이익은 평소보다 부진한 경우에는 주가 하락으로 이어지지만 실적이 좋아진다 하더라도 주가 상승에 끼치는 영향은 제한적이기 때문입니다.

이렇게 각 방의 크기와 중요성이 달라지는 상황에서 개인 투자자들이 삼성전자에 대해 더 잘 알려면 어떻게 해야 할까요? 가장 좋은 방법은 신문을 읽는 것입니다. 삼성전자가 시가총액 1위 기업이므로 삼성전자와 관련된 중요한 뉴스는 언제나 신문에 빠지지 않고 등장합니다. 물론 신문 대신 인터넷으로 뉴스로 읽는 방법도 있지만 그리 추천하고 싶지는 않습니다. 집중해서 읽기도 힘들고 중요한 뉴스만 걸러내는 것이 어렵기 때문입니다. 실제로 네이버 뉴스 메뉴에 들어가서 삼성전자라는 키워드를 검색해 보면 어마어마하게 많은 뉴스가 리스트업 됩니다. 일주일 치 뉴스를 읽는 데만도 몇 시간이 걸립니다. 구글 뉴스에서 Samsung Electronics 라고 검색해도 마찬가지입니다.

정리해보면, 투자 초보자든 중급자든 삼성전자 주식을 지금 사서 5년 후 주가가 오를 때까지 팔지 않고 들고 있으려면 인내심을 갖고 삼성전자에 대해 꾸준히 알아가는 것이 중요합니다. 앞에서도 말씀드렸던 것처럼 비메모리 반도체에서 10나노미터 이하의 첨단 공정 분야는 이미 장기 호황에 진입했고 삼성전자는 비메모리 시장에서 매출을 늘려나가고 있습니다. DRAM 메모리 반도체의 경우에도 장기 호황에 진입할 가능성이 커졌습니다. 물론 이런 전망이 주가에 반영되어 현실이 되기 전까지는 아주 큰 집의 각 방을 한 번씩 들어가 보는 방법밖에 없습니다. 때때로 그 방의 구조와 크기가 바뀌기도 하므로 결국 삼성전자와 관련된 정보를 끊임없이 접하면서 각 방을 자주 들락날락하는 방법밖에 없습니다. 마치 5년 후에 결혼할 사람을 꾸준히 만나고 데이트하는 것과 비슷합니다.

16

매도와 매수시기 아는 법

반도체 관련 주식을 샀다가
물렸습니다. 어떻게 하면 좋을까요?

어떤 기업의 주가가 예상과 달리 움직일 때는 팔까 말까 결론을 내리기에 앞서서 기업의 주가 상승 이유와 하락 이유에 대해 꼼꼼히 점검해 보는 것이 필요합니다. 마치 이성 친구와 결혼할지 헤어질지 결정하기 전에 이성 친구를 다시 한 번 더 관찰해보는 것과 비슷합니다. 특히 처음에 매수했을 때 생각했던 투자 포인트가 여전히 살아 있는지, 혹시 그 포인트가 약해지지는 않았는지 살펴보는 것이 중요합니다. 그렇지 않으면 매도든 매수든 의사 결정을 내리기가 쉽지 않습니다.

2020년 추석을 앞두고 유튜브 채널 〈삼프로TV〉에 출연한 적이 있었습니다. 증시에 개인 투자자들이 갑자기 늘어났고, 우리나라 시총 상위 기업인 삼성전자나 SK하이닉스에 관해 관심이 무척 쏠리던 때였습니다. 당시 저는 비메모리 반도체 기업을 좋게 보고 있었기 때문에 유튜브 채널에 출연해서 삼성전자와 TSMC에 대해 언급하겠다고 채널 담당 작가님에게 말씀드렸습니다. 그런데 실제로 인터뷰가 진행될 때 사회자분이 꼭 물어보고 싶다고 하면서 SK하이닉스와 메모리 반도체 사업에 대해 어떻게 생각하는지 알려 달라고 했습니다. 촬영이 거의 끝나갈 무렵이었는데 SK하이닉스에 대해 (거의 준비되지 않은) 답변을 하느라 진땀을 흘렸던 기억이 납니다. SK하이닉스에 대해 유튜브 시청자들의 관심이 많다는 것은 또 다른 유튜브 채널인 〈신사임당〉에 출연할 때도 마찬가지로 확인할 수 있었습니다. 초반에는 〈신사임당〉의 주언규 대표와 삼성전자, TSMC, 엔비디아에 관한 이야기로 풀어나갔는데 후반부에는 결국 SK하이닉스에 대한 이야기를 더 많이 나누게 되었습니다.

SK하이닉스에 어떤 일이 있었길래 다들 관심을 갖고 질문을 한 걸까요? 당시 SK하이닉스의 주가가 많이 내려갔었는데 이에 불안함과 답답함을 느낀 투자자들이 많아서 여기저기 관련 질문을 쏟아낸 것이었습니다. 메모리 반도체의 업황이 상향 곡선이긴 했지만 주가는 이미 수개월 전에 올라가 버렸고, 그 이후 추가적인 상승세로 이어지지 않는 상황에서 주식을 매수한 투자자분들의 고민이 많을 수밖에 없는 상황이었습니다. 그런데 반도체 전문가랍시고 출연한 애널리스트가 SK하이닉스와는 별로 관련도 없어 보이는 비메모리 수혜주 중심으로만 설명을 하고 있었으니 듣는 분들이 답답함을 느끼셨던 것 같습니다.

그렇게 유튜브 채널에 출연한 것이 여기저기 알려지다 보니 10년 넘게 연락이 끊겼던 친구로부터도 연락이 오는 등 반가운 일이 일어나기도 했습니다. 유튜브 덕에 친구들과 인사도 하는

구나 좋아했는데 정작 친구들도 똑같은 질문을 제게 다시 했습니다. SK하이닉스를 샀다가 물렸는데 어떻게 하면 좋겠냐는 질문이었습니다.

애널리스트로 일하다 보면 이런 질문을 정말 많이 받습니다. 그런데 앞에서도 말씀드린 것처럼 물어본 사람의 처지와 상황에 대해 고려해보고 거기에 따라 대답을 달리할 수밖에 없습니다. 자산운용사나 투자자문사에서 일하는 펀드매니저들이 이런 질문을 한다면 일단 주가가 올라가지 못하는 이유를 설명하고 과거의 경험을 참고했을 때 어떤 경우에 다시 상승할 수 있는지 계기가 될 만한 이벤트가 무엇이 있는지 설명합니다. 예를 들어 중국에서 제조업 구매관리자지수가 예상을 웃돌 때, 원달러 환율이 강세를 보일 때, 아니면 수출 지표 중에 특정 지표가 바닥을 통과하거나 등의 이벤트가 발생할 때 SK하이닉스 주가에 긍정적인 신호로 작용할 수 있다고 알려줍니다. 때로는 PBR(주가순자산비율)이나 미국 경쟁사의 주가 흐름 등을 비교해서 설명하기도 합니다.

그런데 개인투자자에게는 이렇게 답변하기가 어렵습니다. 그리고 설명하기에 앞서 걱정이 앞서기도 합니다. "반등을 기다리기에는 너무 오래 걸릴 것 같아 팔아버리라고 했는데 다음 주에 오르면 어떡하지? 반대로 더 이상 하락하지 않을 것 같아 그냥 들고 있으라고 했는데 갑자기 저녁때 미국이나 중국에서 예상하지 않았던 악재가 터져 주가가 곤두박질치면 어떡하지?" 같은 질문이 끊임없이 머릿속으로 떠오르며 답변하기를 주저하게 합니다.

2021년 10월에는 원달러 환율 약세와 미국 금리 상승이 원인으로 작용해 SK하이닉스 주가가 9만 원 근처까지 하락했습니다. 그런데 여러 가지 개별 지표를 기준으로 판단해보면 업황이나 실적 대비해서 과도하게 하락한 것으로 보였습니다. 그래서 원달러 환율이 더 이상 약세를 보이지 않는다면, 조만간 주가가 반등할 것 같다는 내용의 전망 자료를 발간했습니다. 그런데 이렇게 자료를 발간한 이후 증시 분위기나 주가 흐름이 제 예상과 다르게 움직이면 당연히 스트레스를 받지 않을 수가 없습니다. 저의 경우 스트레스를 받으면 잠을 잘 자지 못하는 편입니다. 그래서 주가 전망 자료와 실제 주가가 따로따로 움직이는 시기에는 하루 평균 4시간 이하로만 자면서 생활합니다. 간혹 애널리스트가 되고 싶다는 학생들을 만나, 하루에 몇 시간 자는지 물어봅니다. 그런 다음 앞으로 그것보다 조금 덜 자도 되는지 물어봅니다. 저뿐만 아니라 다른 업종을 다루는 애널리스트 분들도 불면증에 시달리는 경우가 많습니다.

다행히 2021년 10월 이후 2022년 1월 중순까지는 주가가 상승하면서 스트레스를 받지 않고 그럭저럭 지낼 수 있었습니다.

그러다가 러시아-우크라이나 전쟁 이후에 전 세계적으로 반도체 업종의 주가가 하락하고 SK하이닉스의 주가가 다시 하락하자 잠을 잘 못 자는 날들이 또다시 이어지고 있습니다. 주가가 하락하는 모습을 바라보는 것이 괴롭다기보다는 주가가 하락하는 순간에 질문을 던지는 투자자들에게 어떤 답변을 해야 할지 고민하는 것이 더 어렵고 괴로운 일입니다.

주식 투자자로서 주식을 샀다가 물린 상태에서(매수한 가격보다 떨어져 오를 기미가 없는 상태)지금 당장 그 주식을 팔아버릴 것이 아니라면 새롭게 가족으로 맞이한 애완동물을 돌보듯 그 주식에 대해 자세히 알아가는 과정이 필요합니다. 요즘은 개인 투자자분들이 블로그나 유튜브 채널에 올리는 내용을 보면 애널리스트인 저보다도 세부 업종이나 관련 기업에 관해 더 잘 아는 것 같습니다. 그런 분들은 매일 반성 일기 같은 것을 쓰면서 자신의 투자 결과에 대한 마음을 추스르거나 투자 포트폴리오를 점검하는데 애널리스트인 저도 그런 글을 인터넷에서 보면 함께 공감하며 고민하지 않을 수 없습니다.

주가가 예상대로 움직이지 않을 때 심리적으로 가장 힘든 분들은 특정 종목을 잘 모르는 상태에서 샀다가 가격이 덜컥 내려 이러지도 저러지도 못하는 분들입니다. 이런 경우 스트레스를 덜 받으려면 지금이라도 해당 주식을 자세히 잘 알고 공부하는 것이 필요합니다. 그런데 이런 대답은 사실 이성적인 대답이고 실제로는 그러기가 쉽지 않은 게 사람 마음입니다. 그럼에도 어떤 종목에 대해 제대로 공부해야겠다고 마음먹었다면 뉴스 기사 몇 년 치를 검토해보거나 분기 보고서, 사업 보고서 등을 꼼꼼히 살피는 것을 추천해 드립니다. 겨울에 고가의 패딩을 사러 가기 전에 할인 정보, 무게, 기장을 꼼꼼하게 확인하는 것과 똑같은 원리입니다. (너무 당연한 답이라 실망스럽다고요? 이제 본격적으로 팁 나갑니다.)

전문 투자자나 애널리스트가 아닌 이상 기업 분석 보고서나 뉴스를 많이 읽는다 하더라도 그것을 바탕으로 투자 의견을 정한다는 것은 쉽지 않은 일입니다. 그래서 이런 분들에게 되도록 짧은 시간에 간단하게 활용할 수 있는 팁을 하나 알려 드리고자 합니다. 먼저, 대상 종목을 SK하이닉스로 가정해 보겠습니다. 구글이나 네이버 검색창에 "SK하이닉스 주가 하락 이유"라고 검색합니다. 기사나 블로그 몇 개만 검색해도 두세 가지 핵심 이유를 금방 알아낼 수 있습니다. 그리고 반대로 "SK하이닉스 주가 상승 이유" 혹은 "SK하이닉스 주가가 상승하려면"이라고도 검색을 해봅니다. 이렇게 검색으로 하락할 때의 원인과 상승할 때의 원인을 두세 개 정도만 알고 있어도 마음이 약간 편안해집니다. 날씨가 엄청나게 추운 걸 알고서 외출을 할 때 패딩도 입고 모자도 쓰고 옷을 단단히 여미고 나가야겠다고 준비하는 것과 비슷합니다.

반도체 애널리스트가 분석 자료를 쓸 때도 사실상 이런 원리를 응용하는 경우가 많습니다. 검색하는 주제가 좀 더 다양할 뿐입니다. 중국의 제로 코로나 정책, 대만의 지진 등 여러 가지 이벤트에 대해 항상 검색하는 것이 습관처럼 자리 잡혀 있습니다. 무슨 애널리스트가 일반인이 쓴 글도 살펴보느냐 하겠지만 정보를 해석하는 방법에는 정답이 없습니다.

애널리스트의 전문성은 전지전능한 능력에서 비롯된다고 보기 어렵습니다. 이 일이 직업이고 상대적으로 오랫동안 주가 흐름을 들여다봤기 때문에 원인과 결과를 연관 지어 생각하는 속도가 좀 더 빠를 뿐입니다. 특정한 시기에 환율이 주가에 끼치는 영향이 크다면, 원달러 환율이 얼마 이하이면, 주가의 방향성이 바뀌겠구나 판단하는 속도가 좀 더 빠를 뿐입니다.

다시 한번 간단히 정리해 볼까요? 샀다가 물린 주식에 대해서는 팔아야 할지 유지해야 할지 어떤 행동을 취하기 전에, 그 주식이 어떤 경우에 상승했고 어떤 경우에 하락했는지 알아 두는 공부를 하는 것이 중요합니다. 경제 흐름은 패턴이 있다고 합니다. 경제 위기도 패턴처럼 찾아옵니다. 이는 주가에도 적용됩니다. 검색을 통해 과거의 상승 이유와 하락 이유를 알아 두면 현재의 상승과 하락 이유를 좀 더 정확히 잘 알 수 있고 쉽게 이해될 때가 있습니다. 그러면 다음 스텝에 대한 의사 결정이 쉬워집니다.

마치 이유 없이 갑자기 화내는 이성 친구나 배우자에 대해 이 사람은 이럴 때 화를 내는구나, 이렇게 대해주면 좋아하는구나, 이렇게 알고 대비하는 것과 비슷합니다.

그런데 어떤 주식에 따라서는 이렇게 네이버나 구글로 검색을 해도 상승 또는 하락 이유를 알아내기 어려운 종목도 있습니다. 네이버 종목토론방을 들여다봐도 투자 의사 결정에 딱히 도움되지 않는 내용들만 잔뜩 올라와 있을 경우도 있습니다. 그렇다면 그런 종목은 어떻게 해야 할까요? 되도록 멀리해야 합니다. 어디서 살았는지 모르고, 어떤 취향인지 모르는 사람을 덜컥 배우자로 맞이하는 것과 비슷하기 때문입니다. 당연히 큰 기업이나 인지도가 높은 기업일수록 관련 소스도 많을 것이고 반대로 그렇지 않은 기업일수록 아무리 검색해도 마땅한 정보 찾기가 어려울 것입니다. 초보 투자자일수록 시가총액이 크거나 인지도가 높은 기업에 투자하는 것이 적절하다고 다들 말하는 이유가 바로 이 때문입니다. 관련 정보 찾기가 상대적으로 쉽기 때문에 초보자도 조금은 수월하게 공부할 수 있습니다.

제가 증권사 리서치센터에 발령받기 전, 신입사원 집합 교육 첫날에 선배에게서 들었던 말이 있는데 지금도 똑똑히 기억하고 있는 말입니다. 아주 간단한 내용입니다. 관심 있는 종목이 있는데 오늘 그 종목의 주가가 소속 지수(한국이라면 코스피나 코스닥지수, 미국이라면 다우나 나스닥지수 등이 되겠지요)보다 조금이라도 더 오르거나 더 빠졌다면 "오늘 잠들기 전에 반드시" 주가가 왜 그렇게 움직였는지 이유를 알아야 한다는 것입니다. 이러한 내용을 설명해준 당시의 회사 선배는 증권 회사에 들어온 이상 매일 그렇게 해야 한다고 강조했습니다.

애널리스트로 일하다 보면 주가 움직임의 이유를 알아내고 이해하는 데 많은 시간을 쏟게 됩니다. 마치 같이 살게 된 애완동물에 대해 하나씩 알아가는 것과 같습니다. 다만 애널리스트이다 보니 좀 더 전문적(?)인 방법을 활용하는 것일 뿐입니다.

저는 애널리스트라서 제가 보고서를 쓰는 종목을 직접 사거나 팔 수가 없습니다. 그런데도 제가 보고서를 쓴 종목의 주가가 하락하면 저도 마치 주식을 샀다가 같이 물린 것 같아 좌절하거나 낙심하는 마음을 갖게 됩니다. 그렇지만 주가가 내려간 종목이라 하더라도 조사도 많이 했고 공부도 많이 한 종목이라면 크게 걱정하지 않습니다. 특히, 외국인 투자자들이 좋아할 것 같은 특징을 갖춘 종목이라면 주가가 하락하더라도 거의 걱정하지 않는 편입니다. 그래서 개별 종목에 대해 조사할 때는 외국인 투자자들이 좋아할 것 같은 특징을 지니고 있는지 없는지 꼼꼼하게 살펴보는 편입니다. 이런 종목들은 뭔가 빼어날 만한 유별난 특징을 가지고 있지는 않지만 비슷한 포인트가 있습니다. 톨스토

이의 소설 『안나 카레리나』의 유명한 첫 문장 "행복한 가정(주가가 오른 종목)은 서로 닮았고, 불행한 가정(주가가 내린 종목)은 제각각의 이유로 불행하다"를 많이 들어 보셨을 텐데 이 말과 비슷합니다.

  이번 글을 마치며, 외국인들이 좋아하는 종목은 어떤 특징이 있는지만 간단히 정리하고 끝내도록 하겠습니다. 외국인들은 재무제표상의 손익계산서 지표 중에 매출 증가율이나 영업이익률이 꾸준한 흐름을 보이는 기업을 좋아합니다. 그리고 매출 증가를 뒷받침하기 위해 증설과 채용이 꾸준히 이루어지는 기업을 좋아합니다. 또한 실적이 분기별로 또박또박 증가하면서 영업 외 손익에 일회성 요인이 적은 기업도 배당 재원이 늘어나기 때문에 좋아합니다. 배당을 꾸준히 하고 직원들의 만족도도 높다면 그런 회사의 주가는 꾸준한 상승세를 이어갈 가능성이 큽니다.

  개인투자자라도 어느 정도의 노력을 통하면 이런 기업 찾기가 가능합니다. 주가는 항상 상승하거나 하락합니다. 언제나 상승만 하는 주가는 없습니다. 어떤 이유가 어떤 영향을 주는지 파악한다면 주식을 샀다가 물렸더라도 그 시간을 견딜 수 있습니다. 아니면 과감하게 매도하는 의사 결정을 할 수도 있습니다. 애널리스트도 기업 공부를 매일 잊지 않는다는 사실을 기억했으면 합니다.

17

보고서 읽는 법

각종 리뷰 및 보고서를 읽었는데
내용 이해가 어렵습니다.
어떻게 하면 좋을까요?

미·중 무역분쟁과 동학 개미 운동을 계기로 반도체 업종에 대한 관심이 많이 늘어났습니다. 반도체는 일상에서 쉽게 접할 수 있는 전자 제품에 탑재되어 있지만 관련 업계에 종사하는 분이 아니라면 반도체 내부를 들여다볼 기회는 거의 없습니다. 반도체는 사람의 몸을 구성하는 세포처럼 복잡한 구조로 되어 있습니다. 세포 구조에 관한 전문적인 글을 읽으며 미세섬유, 중간섬유, 미세소관 등의 단어를 접하면 의학 전공자가 아닌 이상 어렵다고 느끼는 것처럼, 반도체 공정이나 제품 구조 또는 그와 관련된 기업에 관한 내용도 낯설게 느껴지는 것이 당연합니다.

2021년 하반기의 일입니다. 어느 시중 은행의 법인 고객 영업 담당자분들을 위해 화상 회의 형식의 강의를 준비하며 사전 질문을 받았습니다. 질문 중에 다음과 같은 내용이 있었습니다. "삼성전자와 TSMC의 적층 방식 차이점과 장단점에 관해서 설명해주세요." 이 질문을 받고서 깜짝 놀라기도 하고 한편으로 기쁘기도 했습니다. 일단 이 정도의 질문을 한다는 것은 이 분이 삼성전자와 TSMC의 차세대 기술에 관심이 아주 많다는 것을 의미하기 때문입니다.

보통 증권 관련 업종이 아닌 분야에 계신 분들이나 개인 투자자분들을 만나 사전 질문을 받아보면 대부분은 어떤 종목을 매수한 이후에 주가가 올랐는데 그냥 들고 있어도 될까요, 또는 샀다가 물렸는데 지금 팔아야 할까요, 이런 질문이 대다수입니다. 그런데 기술에 대한 질문이 나왔으니 높은 관심에 잠시 기쁘기도 하지만, 답변을 준비하면서는 기쁜 마음보다 걱정이 앞서기 시작합니다. 이 질문에 답하려면 비메모리 반도체, 파운드리, 미세 선폭, 게이트 구조에 대한 설명이 필요한데 이런 것들을 어렵지 않게 제한된 시간 내에 잘 설명할 수 있을까, 설명하는 데 시간이 꽤 걸릴 것 같은데, 이것 말고 다른 질문도 많은데, 하는 걱정부터 드는 게 사실입니다.

우리나라 투자자들을 대상으로 설명하다 보면 단답형으로 단박에 알기 쉽게 짧은 시간 안에 설명해달라는 요청이 많습니다. 주입식 교육의 영향이기도 하고 단기간에 빨리 승부를 보려는 한국인 특유의 기질도 있는 것 같습니다. 그날은 해당 질문을 가장 쉽게 설명해 놓은 뉴스 하나를 준비해 갔습니다. 제가 참고한 기사는 '바이라인네트워크'라는 매체에서 참고한 기사였습니다. 그 기사를 일부만 인용해보겠습니다.

"TSMC와 삼성전자는 최첨단 나노 공정을 도입할 때, 다른 접근방식을 취한다. TSMC는 기존에 사용하던 게이트(반도체 적층 구조) 공정으로 최첨단 반도체를 양산한다. 나노 경쟁에서 우위를 점한 다음, 차세대 게이트 기술은 서서히 개발하는 것이다. 이와 달리, 삼성전자는 차세대 게이트 공정 기술을 먼저 개발하고, 그 뒤에 최첨단 반도체를 양산한다. (중략) TSMC는 처음 7나노 공정 반도체를 양산할 때 기존에 사용하던 HKMG 모스펫(High K Metal Gate MOSFET) 공정 기술을 적용하다 차세대 게이트 공정이었던 핀펫(FinFET) 공정으로 넘어왔다. 두 게이트 공정법을 혼용한 것이다. 반면 삼성전자는 완전히 핀펫 공정을 개발한 후 7나노 반도체를 양산했다."

이 책을 읽는 독자분들이 기사 내용을 얼마나 이해하셨는지 모르겠지만 제가 보기에는 기자분이 정말 신경을 많이 쓰고 쓴 기사라는 생각이 듭니다. TSMC와 삼성전자의 비메모리 선단(첨단) 공정의 기술 차이를 핵심적으로 잘 묘사했기 때문입니다. 기사를 쓴 기자분을 개인적으로 아는 것은 아니지만, 혹시 우연히 만나게 된다면 감사하다는 인사를 꼭 드리고 싶습니다.

반도체 애널리스트인 저도 이렇게 핵심만 콕콕 짚어서 설명하기란 쉽지 않습니다. 어딘가에 해답이 나와 있을 것 같은 자료의 원문은 1~2분 이내에 요약하기 어려울 만큼 긴 경우가 많습니다. 특히 관련 정보가 영어로 되어 있는 경우, 이 정보를 보편적으로 이해할 수 있는 한글 문장으로 표현한다는 것은 더더욱 어려운 일입니다. 굳이 한국어로 번역하면 더욱 낯설게 느껴지는 경우도 많습니다. 그러니 반도체 산업에 관해 공부를 충분히 했거나 관련주에 대해 많이 알고 있지 않으면 이러한 관련 기사를 읽고 이해하는 데에는 꽤 많은 시간이 걸립니다.

일반 투자자분들이 반도체 업종 관련 보고서를 읽는다면 당연히 어려움을 느낄 수밖에 없습니다. 하지만 그렇다고 해서 사전지식이 엄청날 정도로 필요한 것은 아닙니다. 사전지식은 단한 줄로 요약할 수도 있습니다. 예를 들어 반도체용 공정 소재중에 특수가스를 만드는 공급사들이 있습니다. 그중에서 원소기호를 살펴보면 불소계(F) 가스가 있습니다. 일상생활에서 접하는 불소는 치약이나 수돗물에서 볼 수 있습니다. 반도체 공정에서 사용되는 불소계 가스는 F2, C4F6, C4F8 등으로 이렇게 F라는 원소기호가 포함되어 있으면, 대부분 반도체 공정에서 필요 없는 물질을 제거하는 데 사용된다고 이해하면 됩니다. 약간의 사전지식이 보약처럼 쓰이는 경우입니다.

사전지식을 쌓는 것 외에 중요한 또 다른 한 가지는 비슷비슷한 용어를 너무 깊게 생각하지 않고 직관적으로 받아들이는 것입니다. 예를 들어 반도체를 만들 때는 생산, 제조, 양산, 램프-업(ramp-up), 매스 프로덕션(mass production) 등의 단어를 사용합니다. 모두 유사한 의미를 지닌 단어로 업계에서는 동의어처럼 쓰입니다. 이처럼 뜻은 같지만 비슷한 용어들이 뒤섞여 쓰이는 이유는 뉴스를 듣는 층이 워낙 다양해서, 때에 따라 필요한 단어를 셀렉해서 쓰기 때문입니다. 예를 들어 양산(量産)이라는 말은 한자어가 익숙하지 않은 분들에게는 어려운 단어입니다. 그런 분들에게는 램프업이나 매스 프로덕션이라는 표현이 더 자연스럽습니다. 사전을 찾아보면 한자어도 그렇고 영어 단어도 그렇고 약간씩 의미 차이가 있지만 업계에서 대화하거나 글을 쓸 때는 거의 같은 말처럼 사용합니다.

동의어처럼 사용되는 단어에는 반도체와 칩(Chip)도 있습니다. 저는 칩이라는 단어를 처음 들었을 때 감자 칩을 먼저 떠올렸습니다. 실제로 어떤 영문 기사에서는 반도체를 포테이토 칩에 비유하기도 했습니다. 그러나 반도체 업계에서 칩은 웨이퍼를 조각조각 잘라낸 것을 의미합니다. 칩을 반도체와 똑같은 의미의 단어라고 주장하기에는 애매한 구석이 있습니다. 마치 구황작물과 감자 스틱이 엄연히 다른 것처럼 말입니다. 그러나 뉴스나 분석 보고서를 접해 보면 반도체를 만든다, 칩을 만든다, 반도체를 생산한다, 칩을 제조한다 등의 표현은 거의 같은 의미로 사용되고 있다는 것을 알 수 있습니다. 이처럼 반도체 산업이나 기업 관련 자료를 많이 읽다 보면 자연스럽게 유사한 의미로 쓰고 있는 단어들을 알게 되고 그러면서 독해 실력도 서서히 올라가게 됩니다. 결국 반도체 자료를 쉽게 이해하려면 이미 이해했던 기술이나 제품을 나만의 언어로 재정의하는 과정을 거쳐 사전지식을 쌓고, 유사어로 사용되는 단어들이라면 너무 세세하게 따지지 않고 대략 비슷한 의미라고 받아들이는 순발력이 필요합니다.

반도체 관련 독해력 또는 문해력을 넓히기 위해서는 약간의 기본적인 지식과 순발력을 바탕으로 네이버와 구글 검색 정도만 잘 활용해도 충분하다고 말씀드리고 싶습니다. 앞에서도 얘기 드렸지만, TSMC와 삼성전자의 적층 방식이 궁금하다면 인터넷 검색창에 'TSMC와 삼성전자의 적층 방식의 차이점' 이렇게 검색하면 수많은 뉴스와 블로그 해설, 유튜브 영상이 나옵니다. 물론 각 설명의 깊이도 다르고 방식도 다릅니다. 하지만 여러 관점에서 설명된 글이나 동영상을 읽다 보면 톱니바퀴가 서로 물려서 착착 돌아가는 것처럼 자연스럽게 이해하는 순간이 오게 됩니다. 유레카의 순간이라고 말씀드렸지요? 저는 새로운 기술이 주목받을 때면 어김없이 이런 방식으로 정보를 검색합니다.

18

우량주 찾는 법

한국 반도체 중소형주 중에서
우량주를 알려주세요.

우량주에 대한 이미지가 바뀌고 있습니다. 과거에는 삼성전자의 메모리 반도체 사업 성과가 삼성전자의 설비투자에 끼치는 영향이 컸기 때문에 삼성전자로의 매출 비중이 높은 중·소형주가 우량주로 주목을 받았습니다. 즉, 2013년 이후 특히 낸드 플래시 메모리 반도체 업종에서 삼성전자의 소재, 부품, 장비를 공급하는 기업이 그런 경우였습니다. 하지만 이제는 달라졌습니다. 우량주에 대한 인식이 세계적 흐름을 따라가고 있습니다. 삼성전자 외에 글로벌 반도체 기업인 인텔이나 TSMC 등 국외 고객사에 소재, 부품, 장비를 공급하는 기업도 우량주로 인정받는 시대가 열리고 있습니다.

반도체 애널리스트로서 일하다 보면 반도체 중·소형주 중 우량주에 대한 인식이 바뀌고 있다는 것을 분명하게 느낄 수 있습니다. 제가 애널리스트로서 글을 쓰기 시작했던 2013년에는 삼성전자로의 매출 비중이 높은 소재, 부품, 장비 공급사가 주목을 받았습니다. 그런 기업 중에는 1년 동안 주가가 두 배씩 오른 공급사도 있습니다. 이때는 삼성전자가 낸드 플래시 메모리 반도체 생산에 대규모 설비투자를 하면서 장비 국산화에 힘을 실었던 시기입니다.

당시에는 수입에 의존하던 소재, 부품, 장비 중 어떤 것이 먼저 국산화되는지 투자자들이 관심을 갖고 지켜보았습니다. 특히 증착 공정 관련 기업에 관해 관심이 높았는데 낸드 플래시를 수직 방향으로 쌓는 과정에서 빠른 속도의 증착 장비가 필요했기 때문입니다. 물론 처음부터 모든 증착 장비가 빠르게 국산화한 것은 아닙니다. 처음에는 전류를 차단하는 절연막을 증착하는 데 필요한 장비부터 먼저 국산화가 되었고, 나중에는 절연막뿐만 아니라 금속막을 형성하는 증착 장비까지도 국산화가 진행되었습니다. 한마디로 높은 기술력을 필요로 하는 장비들이 점점 시차를 두고 국산화가 되었다고 할 수 있습니다. 이러한 흐름은 2013년부터 시작되어 지금까지도 계속 이어지고 있습니다.

반도체 장비가 국산화되자 관련 기업들의 관심과 주가도 덩달아 높아지고 있는 상황에서 독자분들도 잘 알고 있는 역사적인 이벤트가 발생합니다. 바로 2019년 7월 일본이 단행한 소재 수출 규제입니다. 한국에서 처음으로 관련 뉴스가 보도된 날이 주말 아침이었는데 지금도 생생하게 기억이 납니다. 아침부터 기관투자자분들을 비롯해 반도체 업계에 종사하시는 분들로부터 정말 많은 연락을 받았습니다. 이때 크게 이슈가 되었던 소재 중 하나가 불화수소가스입니다. 당시 매일경제에 보도된 기사를 참고하면 다음과 같이 나와 있습니다.

"일본 정부가 강제징용 피해자 배상 판결과 관련한 경제 보복 조치로 오는 4일부터 반도체 공정 등에 사용되는 핵심 제품에 대한 한국 수출을 규제할 것이라고 산케이신문이 30일 보도했다. 대상 품목으로 거론되는 것은 PR(포토레지스트)와 불화수소, OLED(유기발광다이오드) 패널 제조에 활용되는 플루오린 폴리이미드이다." 이 뉴스가 보도된 이후에 한동안 여의도 증권가에서는 불화수소 소재가 액체류냐 아니면 기체류냐를 놓고 갑론을박을 벌였습니다. 왜냐하면 반도체 소재 공급사 중에 액체 소재 공급사와 기체 소재 공급사가 나름 구분되어 있었기 때문에 액체류냐 기체류냐에 따라서 특정 기업이 수혜를 입을 수도 있고 아닐 수도 있는 상황이었습니다.

저는 일본어에 문외한이라 처음에는 산케이 신문에 보도됐던 뉴스 원문을 구글 번역본으로 읽었습니다. 구글 번역본으로는 불화수소가 액체류인지 기체류인지 구분할 수가 없었습니다. 일본어에 능통한 옆자리 동료에게 액체류인지 기체류인지 물어봤는데 일본어로 된 원문 기사에도 구체적으로 나와 있지 않다고 했습니다. 그런데 이후 몇 개월이 흐른 다음에 나온 기사에는 불화수소가 액체인지, 기체인지가 구분되어 있었습니다. 다음 기사를 살펴보시기를 바랍니다. 액체 불화수소에 대해 다음과 같이 언급하고 있습니다.

"SK하이닉스가 반도체 세정·식각 공정에 대량으로 사용되는 액체 불화수소(불산액)의 국산 대체 소재를 일부 생산라인에 처음 투입했다."

기사를 보면 불화수소에 대해 전 국민의 관심이 높아지면서 액체류인지 기체류인지 정확하게 표기해야 하는 요구가 생겼다고 볼 수 있습니다. 이러한 이벤트가 발생한 이후 관세청에서 게시한 설명 자료를 참고해 보면 2019년 7월에 일본의 수출 규제로 이목을 끌었던 불화수소는 액체류가 아니라 기체류라는 점을 명시하고 있으며 불화수소(에칭가스)라고 표시하고 있습니다.

어쨌든 액체류이든, 기체류이든, 일본산이든, 중국산이든 간에 국산화가 시급한 상황이었고, 관련 소재의 국산화를 추진할 수 있는 기업은 시장에서 큰 관심을 끌 수밖에 없었습니다. 이처럼 2013년부터 2019년까지는 증착 장비나 불화수소 소재 공급사처럼 특정 공정에 필요한 장비나 소재를 국산화하는 기업이 우량주로 주목받았습니다. 그런데 이런 추세가 2020년부터 바뀌기 시작합니다. 직접적인 계기가 된 것은 2020년 5월 TSMC가 미국 본토에 대규모 증설을 발표하고서부터입니다. 이를 계기로 삼성전자도 미국 본토에 비메모리 반도체 설비투자를 빠르게 전개할 것이라는 기대감이 커지기 시작했습니다. 자연스럽게 TSMC와 삼성전자(비메모리 사업 부문)를 비교하며 궁금해하는 투자자들도 늘어나기 시작했습니다. 그리고 이는 한국의 반도체 관련 기업 중 TSMC에 소재, 부품, 장비를 납품하거나 TSMC와 우호적 관계를 맺고 있는 협력사가 있는지, 해당 협력사에 제품을 공급하는 기업은 있는지로 관심이 이어졌습니다.

이러한 일은 TSMC 공급망뿐만 아니라 인텔 공급망에서도 동일하게 발생했습니다. 2021년 1분기에 인텔이 기존 수준의 두 배를 웃도는 대규모 설비투자를 발표했습니다. 이런 일이 있고 나서 인텔에 소재, 부품, 장비를 공급하는 국내 중소기업들이 수혜주로 주목을 받기 시작했습니다. 인텔이 오랫동안 반도체 시장 내에서 매출 1위였던 기업이었고, 반도체 위탁·제조 시장에서는 TSMC가 1위를 유지하다 보니 인텔이나 TSMC로 납품하는 중소기업에 대해 관심이 커질 수밖에 없었습니다. 그리고 이는 또다시 국내에서는 비교적 관심도가 떨어졌던 비메모리 반도체 관련 기업에 관한 관심으로 연결되기 시작했습니다. 그래서 최근 투자자들을 만나보면 삼성전자(메모리 사업부문)나 SK하이닉스에 대한 관심보다 비메모리 반도체의 수혜주, 인텔 수혜주, TSMC 수혜주에 대한 문의가 점점 더 많아지고 있습니다. 2022년 상반기에 기업 공개를 추진했거나 추진 중인 기업 중 가온칩스, 레이저쎌, 넥스트칩도 비메모리 반도체 수혜주라는 공통점을 지니고 있습니다.

결론적으로 2019년까지는 삼성전자나 SK하이닉스가 주도하는 한국의 반도체 서플라이 체인에서 소재, 부품, 장비 국산화를 주도하는 기업이 각광을 받았는데 이제는 글로벌 반도체 서플라이 체인에 소재, 부품, 장비를 공급하는 기업이 관심의 대상으로 떠오르고 있습니다. 이들 기업의 매출 성장을 이끄는 고객사는 인텔, TSMC뿐만 아니라 유럽이나 미국의 좀 더 작은 규모의 반도체 기업들도 있습니다.

미·중 무역 분쟁, 코로나, 러시아·우크라이나 전쟁 이후 반도체 업종에서는 특정 지역의 공급망에 의존하던 흐름을 벗어나 탈세계화(Deglobalization)와 재배치(Relocation)가 전개되고 있습니다. 제가 2020년 5월에 〈Relocation과 설익은 바나나〉라는 반도체 업종 분석 자료를 발간했는데 그동안 한국 반도체 업계에서 크게 주목받지 못했던 기업들이 글로벌 반도체 기업의 설비 투자 증가에 따라 수혜를 입을 것이라는 내용이었습니다. 자료를 발간한 지 2년 가까이 흘렀지만, 보고서 속의 투자 아이디어는 여전히 유효하다고 생각합니다.

우량 기업이라고 판단되는 개별 중소기업에 투자할 때는 지역별 매출, 고객사별 매출 비중이 어떻게 바뀌고 있는지 확인하는 것이 중요합니다. 유럽이든, 미국이든, 대만이든, 한국이든, 중국이든 반도체의 중요성이 정치적 요인과 결부되어 대규모 설비투자를 여기저기 하지 않을 수 없습니다. 이 같은 추세가 이어 질때 우리나라에서 어떤 중소기업이 수혜를 입을 수 있는지 확 인한다면 우량주 발굴이 다소 쉬워질 것으로 판단됩니다.

평소에 독자분들이 이름을 잘 들어보지 못하셨을 기업들 중 국내 중소형 유망 기업 리스트를 한번 정리해보았습니다. 좀 많 다고 생각할 수도 있는데, 몇몇 기업만 뽑기에는 어려움이 있어 다소 많은 수의 기업을 꼽아보았습니다. 한국의 반도체 시장을 생각하면 이 기업들 모두 성장 가능성이 높은 기업이라 할 수 있 습니다. 이중에서 굳이 투자할 곳을 꼽자고 한다면 시가총액 중 심으로 먼저 살펴볼 것을 권해 드립니다.

- **반도체 장비:** 원익IPS, 한미반도체, 이오테크닉스, 고영, 주성 엔지니어링, 유진테크, 피에스케이, 넥스틴, 유니테스트, 테스, 에이피티씨, 에프에스티, 케이씨텍, 와이아이케이, 테크윙, 원 익홀딩스, AP시스템, 유니셈, 인텍플러스, 에스티아이, 피에스 케이홀딩스, GST, 제우스, 디아이, 엘오티베큠, 오로스테크놀 로지, 싸이맥스, 코세스, 서플러스글로벌, 네오셈, 예스티, 오 션브릿지, 엑시콘, 지앤비에스엔지니어링, 씨앤지하이테크, 라온테크, 제이티, 로체시스템즈
- **반도체 소재:** 한솔케미칼, 동진쎄미켐, 솔브레인, 후성, 티씨케

이, 하나머티리얼즈, 원익QnC, 코미코, 에스앤에스텍, 이엔에프테크놀로지, 원익머트리얼즈, 에프에스티, 월덱스, 덕산테코피아, 테이팩스, 덕산하이메탈, 미코, 엠케이전자, 샘씨엔에스, 레이크머티리얼즈, 비씨엔씨, 디엔에프, 메카로

• **반도체 부품·설계·파운드리·후공정:** DB하이텍, 리노공업, LX세미콘, SFA반도체, 티에스이, 하나마이크론, 테스나, 네패스, ISC, 네패스아크, 엘비세미콘, 아나패스, 아이에이, 한양디지텍, 엘비루셈, 어보브반도체, 에이디테크놀로지, 텔레칩스, 시그네틱스, 코아시아, 제주반도체, 타이거일렉, 픽셀플러스, 알파홀딩스, 피델릭스

반도체 애널리스트의 리서치 습관
세상에서 가장 쉬운 반도체 시장 읽기

초판 1쇄 발행 2022년 9월 5일
초판 3쇄 발행 2022년 9월 23일

지은이 김경민

발행인 김옥정
편집인 이승현
디자인 유어텍스트

펴낸곳 좋은습관연구소
주소 경기도 고양시 후곡로 60, 303-1005
출판신고 2019년 8월 21일 제 2019-000141

이메일 buildhabits@naver.com
홈페이지 buildhabits.kr

ISBN 979-11-91636-38-3(13320)

좋은습관연구소에서는 누구의 글이든 한 권의 책으로 정리할 수 있게 도움을 드리고 있습니다. 메일로 문의해주세요.
네이버/페이스북/유튜브 검색창에 '좋은습관연구소'를 검색하세요.